DIE WELT ÜBERRASCHEN

Fünf Gewohnheiten für einen missionalen Lebensstil

MICHAEL FROST

Die Bibelzitate werden nach folgenden Übersetzungen wiedergegeben:

Ohne Kennzeichnung = eigene Übersetzung der Herausgeber.

Originally published in English in the U.S.A. under the title:
Surprise the World, by Michael Frost

Represented by Tyndale House Publishers, Inc.

Die Welt überraschen von Michael Frost

Inhaber: David Schäfer, Katendeich 58, 21035 Hamburg
www.movement-verlag.de
 Übersetzung: Anja Schäfer
Satz & Umschlaggestaltung: chalvi // WERBEAGENTUR GbR
www.chalvi.de
Umschlagfoto: © lofilolo - depositphotos.com
Autorenfoto: © Gavin Fuller, Tenacious Studios, 2017

Gedruckt in Deutschland.
Bestellnr. 2018002
ISBN 978-3-944533-05-6
Erhältlich beim Verlag: www.movement-verlag.de
Für dieses Buch sind Mengenpreise erhältlich.
Bibliografische Information der Deutschen Nationalbibliothek
Die Deutsche Nationalbibliothek verzeichnet diese Publikation in der Deutschen Nationalbibliografie; detaillierte bibliografische Daten sind im Internet über http://dnb.d-nb.de abrufbar.

STIMMEN ZU DIESEM BUCH

Michael Frost hat es wieder einmal geschafft, die Wichtigkeit eines missionalen Lebens auf den Punkt zu bringen. In *Die Welt überraschen* gibt er uns eine eingängige Strategie, die wir jeden Tag in die Tat umsetzen können. Sie werden mehrere Exemplare kaufen wollen, um sie mit Ihrem Team teilen zu können, sodass jeder von uns ausgerüstet ist, ein Leben in der Mission Gottes zu leben, um noch mehr Menschen zu helfen, ihren Weg zurück zu Gott zu finden.

DAVE FERGUSON

Leitender Pastor der Community Christian Church

Christen sollten anders sein: Wir sollten den Status Quo infrage stellen und uns von der Kultur abheben. Zu oft aber fallen wir aus den falschen Gründen auf. In *Die Welt überraschen* fordert uns Michael Frost heraus, ein Leben zu führen, das die Welt dazu bringt, zu hinterfragen, wie wir so gut lieben und dienen können. Dieses Buch ist ein Weckruf für Gläubige und eine hilfreiche Ermutigung für diejenigen, die in ihren Orten ein Leben in der Mission Gottes leben wollen.

ED STETZER

Gemeindeberater und Autor zahlreicher Bücher

Äußerst machbar, total praktisch und ausgesprochen effektiv! In *Die Welt überraschen* schafft der renommierte Missiologe Michael Frost eine überzeugende Vision davon, was passiert, wenn eine Gruppe von Jesus-Anhängern fünf bewährte Gewohnheiten eines missionarischen Lebens in die Tat umsetzt. Sie möchten, dass Ihr Ort mit der frohen Botschaft erreicht wird? Bringen Sie Ihre Gemeinde dazu, dieses hervorragende Buch zu lesen!

FELICITY DALE

Autorin von „Armee der Liebe“

INHALT

Stimmen zu diesem Buch 4

Einführung 9

1. Ein „fragwürdiges“ Leben führen 13

2. Fünf neue Gewohnheiten 23

3. Segnen: Die erste Gewohnheit 31

4. Essen: Die zweite Gewohnheit 39

5. Gott hören: Die dritte Gewohnheit 49

6. Entdecken: Die vierte Gewohnheit 59

7. Notieren: Die fünfte Gewohnheit 69

8. Jüngerschaft, Förderung und Rechenschaft 79

SEGEN: Der Rechenschafts-Bogen für JFR-Gruppen 83

Gesprächsfragen, die zum Handeln inspirieren 87

Bücher und Filme, um von Jesus zu lernen 93

Über den Autor 99

Endnoten 101

EINFÜHRUNG

Ich habe es nicht darauf angelegt, eine weltweite Bewegung zu starten. Als ich das Konzept SEGEN entwickelte, das in diesem Buch beschrieben ist, hielt ich es einfach für eine schlichte Idee, die unsere Gemeinde umsetzen könnte, um missionale Gewohnheiten[1] im Alltag zu fördern. Ich ahnte nicht, dass Gemeinden auf der ganzen Welt – in den USA, in Kanada, Großbritannien, Neuseeland und wer weiß wo sonst noch überall – sie aufgreifen würden. Aber jetzt treffe ich überall Menschen, die mir erzählen, dass sie sich diese fünf simplen Gewohnheiten zu eigen gemacht haben, um Gottes Mission besser zu erfüllen.

Zum Teil gebe ich meinem guten Freund Alan Hirsch die Schuld daran. Er erwähnt SEGEN regelmäßig in seinen Vorträgen und Seminaren als ein Beispiel dafür, wie Gemeinden unter ihren Mitgliedern einen missionalen Lebensstil fördern können. Auch wenn ich SEGEN in früheren Büchern bereits skizziert habe, bin ich meist etwas zurückhaltender damit und ermutige Gemeinden lieber, ihren eigenen Weg zu einem missionalen Lebensstil zu entwickeln, statt von ihnen zu erwarten, unser Modell so zu übernehmen.

Aber als mich kürzlich Kollegen aus der Gemeindegründungsbewegung *Exponential* baten, einen Leitfaden zu SEGEN zu schreiben, beschloss ich, es sei an der Zeit, meine Zurückhaltung aufzugeben, voranzugehen und die Fahne hochzuhalten. Das Buch, das Sie in Händen halten, war daher ursprünglich ein E-Book auf der Internetseite von *Exponential*. Ich habe mich gefreut, als der Verlag NavPress sein Interesse bekundete, es auch gedruckt zugänglich zu machen. Ich habe mich darangesetzt und das schlanke Gerüst zu einer ausführlicheren Erläuterung über die SEGEN-Gewohnheiten und ihren Beitrag zu einem missionalen Lebensstil erweitert. Ich vermute, SEGEN wurde deshalb so schnell angenommen, weil es aus einfachen und leicht umsetzbaren Gewohnheiten besteht, die wesentliche missionale Werte erfüllen: Beziehungen zum Umfeld, Kontakte untereinander, ein tieferes Erleben von Gottes Führung, ein besseres Verständnis für das Evangelium und einen Rahmen, wie wir uns als Missionare begreifen können. (Ich füge im letzten Kapitel ein Formular ein, mit dem sich diese Gewohnheiten nachhalten lassen.)

Ich behaupte nicht, SEGEN wäre ein Zaubermittel oder etwas in der Art. Es ist ein praktisches Werkzeug, um Christen für Mission zu motivieren – nach oben, innen und außen: nach *oben* in eine tiefere Beziehung zum dreieinigen Gott; nach *innen* zu einer stärkeren Gemeinschaft mit anderen Gläubigen und *hinaus* ins eigene Umfeld.

Fakt ist: Wir alle müssen die Notwendigkeit erkennen, ein großzügiges, gastfreundliches, geistgeleitetes und christusähnliches Leben als Missionare in unserem Wirkungsbereich zu leben. Wir wollen unseren Glauben so öffentlich leben, dass alle ihn sehen.

Leider wuchsen einige von uns in Kirchen und Gemeinden auf, die viel weniger von uns erwarteten. Uns wurde erzählt, wir seien Evangelisten und müssten vorgefertigte Modelle auswendig lernen, um das Evangelium zu erklären, und wir sollten losziehen und diese Modelle jedem unter die Nase reiben, der uns ausreden ließ. Für viele von uns war das eine peinliche Aussicht. Wir fühlten uns aus ganz verschiedenen Gründen (wie Temperament, mangelndem Wissen, einer fehlenden Beziehung) dazu nicht in der Lage und hatten am Ende noch ein schlechtes Gewissen, weil uns der evangelistische Eifer fehlte. Wer es sich zutraute, war häufig so unerträglich, dass er Menschen, die nicht an Jesus glaubten, scharenweise vergraulte.

Als wir den Anspruch abschütteln konnten, kämpferisch zu missionieren, glaubten wir, uns bloß mit unseren Nachbarn und Kollegen anfreunden und sie in den Gottesdienst einladen zu müssen, damit sie das Wort gepredigt bekamen.

Ich bezweifle nicht, dass manche deshalb Christen wurden, weil ihnen ein durchgeknallter Evangelist mit einem Traktat aufgelauert hat oder sie von einem christlichen Nachbarn zum Gottesdienst eingeladen wurden. Aber ich glaube, beide Wege sind unfair. Der erste bürdet uns zu hohe Erwartungen auf – immerhin ist nicht jeder als Evangelist oder Evangelistin begabt. Der zweite macht aus uns reine Vermarkter, die die Vorteile ihrer Gemeinde bewerben sollen.

Es muss doch möglich sein, die Kirche als „Armee aus einfachen Leuten“[2] zu verstehen, die ausgesandt ist, um Gottes Herrschaft durch Christus zu verkünden, ohne von uns etwas zu erwarten, das wir nicht sind, oder von uns weniger zu erwarten, als wir leisten können.

Und genau da kommt SEGEN ins Spiel. Ich glaube, dreierlei ist entscheidend: uns Christen so zu befähigen, dass wir uns selbst als „Gesandte“ sehen; eine Reihe missionaler Gewohnheiten einzuüben, die unseren Alltag und unsere Werte prägen, und uns zuversichtlich und voller Hoffnung in die Welt zu schicken.

Das sind die fünf Wege zu einem missionalen Leben.

1. EIN „FRAGWÜRDIGES" LEBEN FÜHREN

Bevor wir zu den fünf Gewohnheiten kommen, erlauben Sie mir, kurz den Hintergrund dafür zu skizzieren. Evangelistische Mission funktioniert dann, wenn wir als Missionare in unserem eigenen Umfeld ein großzügiges, gastfreundliches, geistgeleitetes und jesusähnliches Leben führen – und wenn begabte Evangelisten in unserer Mitte uns helfen, den Menschen um uns herum von Jesus zu erzählen. Das ist nicht nur eine gute Evangelisationsstrategie. Das ist das biblische Modell.

DER ZWEIFACHE WEG ZUR EVANGELISATION

Einige werden Ihnen mit den allerbesten Absichten erzählen, dass jeder Christ ein Evangelist ist und die Verantwortung hat, mit anderen über Jesus zu reden. Dem zweiten Teil dieser Behauptung stimme ich ganz gewiss zu (dass wir die Verantwortung haben, unsere Liebe für Jesus mit anderen zu teilen). Aber ich fürchte, der erste Teil dieser Aussage (jeder Christ ein Evangelist) ist wenig hilfreich.

Sind wir wirklich alle Evangelisten? Die große Mehrheit der Christen, die ich kenne, fühlt sich jedenfalls nicht so. Das ist, als würde man uns erzählen, wir seien tief in unserem Innern wahre Evangelisten, auch wenn wir uns nicht für Evangelisten halten und wir beim Versuch, wie Evangelisten aufzutreten, nicht sehr effektiv sind. Ist das fair? Und vor allem: Ist es wahr?

Anders als der Mythos „Jeder Christ ein Evangelist" vertritt der Apostel Paulus einen zweifachen Weg der Evangelisation:

- Erstens bestätigt er die Begabung des Evangelisten – interessanterweise nicht die Gabe der Evangelisation, sondern der Evangelist selbst ist die Gabe (siehe Epheser 4,11).
- Zweitens schreibt er, dass alle Gläubigen in ihrer generellen Ausrichtung evangelistisch sein sollen.

Paulus ordnet sich eindeutig der ersten Kategorie zu. Sein Einsatz ist für ihn nicht nur der eines Apostels, sondern auch der eines Evangelisten. Aber es klingt nicht so, als würde er glauben, dass alle Christen zu der Art von furchtloser Verkündigung aufgefordert wären, zu der er berufen ist. Achten Sie auf seine Beschreibung des zweifachen Weges in seinem Brief an die Kolosser:

> *Betet mit aller Ausdauer, voll Dankbarkeit gegenüber Gott und ohne in eurer Wachsamkeit nachzulassen. Tretet auch für uns ein, wenn ihr betet! Bittet Gott, uns eine Tür für seine Botschaft zu öffnen. Dann können wir das Geheimnis weitergeben, das Christus uns enthüllt hat und für das ich im Gefängnis bin. Betet, dass ich meinen Auftrag erfüllen und dieses Geheimnis klar und verständlich verkünden kann. Verhaltet euch klug im Umgang mit denen, die nicht zur Gemeinde gehören. Wenn sich euch eine Gelegenheit bietet, euren Glauben zu bezeugen, dann macht davon Gebrauch. Eure Worte sollen immer freundlich und mit dem Salz der Weisheit gewürzt sein. Dann werdet ihr es auch verstehen, jedem, der mit euch redet, eine angemessene Antwort zu geben.*
>
> *Kolosser 4,2-6 NGÜ*

Für die Evangelisten bittet Paulus um Gelegenheiten, über Jesus zu sprechen, und um Mut, das Evangelium deutlich zu verkünden (Verse 3-4). Aber er schreibt nicht, die Kolosser sollten auch für sich selbst darum bitten. Evangelistische Gläubige sollen vielmehr für den Dienst der Evangelisten beten und darum, klug zu sein im Umgang mit Außenstehenden und offen für Gelegenheiten, um Fragen der Außenstehenden zu beantworten (Verse 2, 5 und 6). In Bezug auf den gesprochenen Anteil ihrer Aufgabe sollen Evangelisten verkündigen und Gläubige Antworten geben.

Form des Dienstes	Prioritäten	Form der Rede
Begabte Evangelisten	Klarheit des Evangeliums; Gelegenheiten wahrnehmen	Mutige Verkündigung
Evangelistische Gläubige	Gebet, Wachsamkeit, weiser Umgang mit anderen	Freundliche Antworten

Paulus' zweifacher Weg der Evangelisation in der Gemeinde

Meiner Ansicht nach hielt Paulus die Zahl der begabten Evangelisten nicht für sehr hoch. Offenbar ging er davon aus, dass begabte Evangelisten vor Ort (wie Timotheus, siehe 2.Tim 4,5) oder überregional agieren (wie er selbst). Es scheint für ihn auch klar zu sein, dass manche begabten Evangelisten eine Führungsposition in der Ortsgemeinde übernahmen (siehe Epheser 4,11) und die Gemeinde so förderten, dass sie zunehmend evangelistischer wurden.

Evangelisation ist eine wichtige Begabung in allen Kirchen und Gemeinden, aber nicht jeder und jede Gläubige besitzt sie. Gläubige sollten, wie wir gesehen haben, wie verrückt beten und sich in Wort und Tat so verhalten, dass sie Fragen zu ihrem Glauben provozierten und mit Nichtgläubigen in einen evangelistischen Dialog traten. In dieser Sache ist Petrus ganz Paulus' Meinung:

> *Seid immer bereit, Rede und Antwort zu stehen, wenn jemand fragt, warum ihr so von Hoffnung erfüllt seid. Antwortet taktvoll und bescheiden und mit dem gebotenen Respekt – in dem Bewusstsein, dass ihr ein reines Gewissen habt. Dann werden alle beschämt sein, die euch verleumden, wenn sie sehen, was für ein einwandfreies Leben ihr in Verbindung mit Christus führt.*
>
> *1. Petrus 3,15-16 GNB*

Mit anderen Worten: Dem biblischen Modell nach erkennen, motivieren und fördern die Verantwortlichen erstens begabte Evangelisten (die dann eine führende Rolle in der gemeindlichen Evangelisation spielen) und inspirieren zweitens alle Gläubigen dazu, ein *„fragwürdiges“* Leben zu *führen*. Wenn alle Gläubigen ein Leben führen, das bei ihren Freunden Fragen hervorruft, dann häufen sich die Gelegenheiten, über den Glauben zu reden, und die begabten Evangelisten haben mehr Chancen, mutig zu verkündigen. Kurz: Unsere Aufgabe ist es, die Welt zu überraschen!

Manche Evangelisten haben es mir übelgenommen, dass ich dieses biblische Modell lehre. Sie fürchten, ich entlasse Leute im Hinblick auf Evangelisation zu leicht aus der Verantwortung. Mehrere begabte Evangelisten haben mir gesagt, die Leute zu lehren, sie müssten keine Gelegenheiten für eine mutige evangelistische Verkündigung schaffen, führe dazu, dass sie niemals anderen von Jesus erzählen. Das sehe ich anders. Ich glaube, begabte evangelistische *Führungspersonen* tragen die Verantwortung dafür, ihre Gemeinden dafür *auszurüsten*, dass sie anderen von Jesus erzählen können. Aber die Gelegenheiten, den Glauben weiterzugeben, entstehen, wenn *Ungläubige Fragen stellen*. Begabte evangelistische Leiter sollten ihre Gemeinden darin trainieren, ganz natürlich in Gesprächen über Jesus zu reden – nämlich dann, wenn sie danach gefragt werden, wie sie mit Leid umgehen oder warum sie in ihrem Urlaub den Armen dienen oder warum sie ihr Zuhause für Flüchtlinge öffnen oder warum sie in der Fastenzeit verzichten oder warum sie berufliche Entscheidungen treffen, die ihnen erlauben, sich sozial zu engagieren.

Wenn begabte Evangelisten uns anderen vorschreiben, wir müssten uns wie begabte Evangelisten verhalten, wirkt das nur lähmend. Da predigen selbstbewusste, redegewandte, theologisch ausgebildete Evangelisten in unseren Gemeinden und wir hören ihre Geschichten, wie sie im Restaurant oder Flugzeug das Evangelium auf einer Serviette skizzieren. Wenn sie uns dann weismachen wollen, dass wir dasselbe tun können (und natürlich sollten), erstarren wir bloß. Wir wissen genau, dass wir es ihnen nicht gleichtun könnten.

Aber ich lese bei Paulus nicht, dass seine Gemeindeleute wie er auf dem Areopag predigen sollten. Er wirft ihnen nicht vor, dass sie keine Gelegenheiten suchen, um mutig und klar zu verkündigen. Er wünscht sich aber sehr wohl, dass sie über Jesus reden. Doch wie wir gesehen haben, geschieht das aus seiner Sicht in einem klugen Umgang mit Menschen und ist ausgelöst durch die Fragen der anderen.

DAS REICH ÜBERNEHMEN

Dieser zweifache Weg hat das Römische Reich buchstäblich verwandelt. Während Evangelisten und Apologeten wie Petrus und Paulus das Evangelium verkündeten und seine Glaubhaftigkeit in einer Zeit des Polytheismus und des heidnischen Aberglaubens verteidigten, unterwanderten Hunderttausende von einfachen Gläubigen die Gesellschaft und lebten ein so hinterfragenswertes Leben, dass es ihre Neugier auf die christliche Botschaft weckte. Sie überraschten das Reich mit ihrem unkonventionellen Lebensstil.

Diese einfachen Gläubigen engagierten sich in aufopferungsvollen Taten der Liebe. Sie liebten ihre Feinde und vergaben ihren Verfolgern. Sie kümmerten sich um die Armen und gaben den Hungrigen zu essen. Im brutalen Alltag der römischen Herrschaft waren sie so atemberaubend anders als alles, was die Leute bisher gesehen hatten. Ihr Einfluss war so beispiellos, dass Kaiser Julian (331-363 n. Chr.) im 4. Jahrhundert fürchtete, sie würden das Reich übernehmen. Er gab eine Anordnung an seine Beamten heraus, in der er die Christen als „Galiläer“ und das Christentum (wegen seiner Ablehnung der heidnischen Götter) als „Atheismus“ bezeichnete, das er für eine Krankheit hielt:

> *„Wir müssen besondere Aufmerksamkeit auf diesen Punkt richten und damit Besserung bewirken. Denn sobald die ruchlosen Galiläer bemerkten, dass die Armen von den [heidnischen] Priestern vernachlässigt wurden, übten sie sich in Wohltätigkeit. Und in ihren größten Bosheiten haben sie dank solcher Wohltaten für sie die Vorherrschaft errungen. Denn wie man Kindern Kuchen schenkt, um sie nach zwei*

> *oder drei Malen zum Mitgehen zu überreden, und sie dann, wenn sie weit weg von ihren Freunden sind, auf ein Schiff verfrachtet und als Sklaven verkauft … auf dieselbe Weise, sage ich, beginnen die Galiläer mit ihrem sogenannten Liebesmahl oder Wohltätigkeit oder Tischgemeinschaft – denn sie leben es auf vielerlei Weise und haben demnach verschiedene Namen dafür. Und das Ende ist, dass sie sehr viele in den Atheismus [d. h. zum Christentum] führen.“*[1]

Kaiser Julian fürchtete, dass die Gastfreundschaft und Menschenliebe der Christen zu viele seiner Untertanen gewinnen würden. Er beschloss, gegen sie eine Offensive zu starten, indem er seine Beamten und die heidnischen Priester aufforderte, die Christen *an Liebe zu übertreffen*. Er ordnete an, ein System zur Essensvergabe aufzubauen und Pensionen für arme Reisende zu bauen:

> *„Begreifen wir denn nicht, dass die Gottlosigkeit [= das Christentum] am meisten gefördert wurde durch ihre Menschlichkeit gegenüber den Fremden und durch ihre Fürsorge für die Bestattung der Toten und die angebliche Heiligkeit ihres Lebens? Ich glaube, wir sollten wirklich und wahrhaftig jede dieser Tugenden ausleben … Denn es ist beschämend, dass wenn … die gottlosen Galiläer nicht nur ihre eigenen Armen versorgen, sondern ebenso die unsrigen, alle sehen, dass die unsrigen offenbar unserer Fürsorge ermangeln.“*[2]

Es überrascht vielleicht nicht, dass Julians neues Sozialprogramm grandios scheiterte. Er konnte die heidnischen Priester und römischen Beamten nicht motivieren, sich ähnlich stark für die Armen einzusetzen. Er erkannte nicht, dass die Christen mit dem Heiligen Geist der Liebe erfüllt und von seiner Gnade motiviert waren. Die Botschaft, die sie verkündigten – dass Gott die Welt liebte – erschien dem gewöhnlichen Römer schlicht und einfach absurd; die heidnischen Götter scherten sich nicht um die Menschheit. Aber im Elend des Römischen Reiches verkündeten die Christen nicht nur Gottes Erbarmen, sondern lebten auch danach. Sie versorgten nicht nur die Armen, sondern hießen auch alle, die kamen, ungeachtet ihrer sozialen Herkunft willkommen. Der Edelmann umarmte den Sklaven. Mehr noch: Die Christen öffneten ihre Gemeinschaft für jeden – unabhängig von seiner Volkszugehörigkeit. Sie pflegten soziale Beziehungen zwischen den Geschlechtern und innerhalb der Familien. Sie waren die überraschendste alternative Gemeinschaft und ihr Verhalten weckte unter den normalen Römern eine zügellose Neugier.

Man kann sich ausmalen, dass die Verkündigung begabter Evangelisten unter Menschen, die ein so hinterfragenswertes Leben führten, weitaus effektiver war. Ich glaube, genau das meinte Paulus, als er davon sprach, die Lehre Gottes zu „schmücken" – oder zeitgemäßer ausgedrückt: das Evangelium attraktiv zu machen. Er benutzt diese Formulierung, als er Titus auffordert, eine gesunde Lehre zu verkünden:

> *Du aber unterweise die Gläubigen so, wie es der gesunden Lehre entspricht! Die älteren Männer halte dazu an, besonnen zu sein, ein glaubwürdiges Leben zu führen, verantwortungsbewusst zu handeln und sich im Glauben, in der Liebe und in der Geduld zu bewähren.*
>
> *Entsprechendes gilt für die älteren Frauen. Auch in ihrem Verhalten soll sich Gottes Heiligkeit spiegeln. Sie dürfen weder klatschsüchtig noch alkoholabhängig sein. Vielmehr sollen sie durch Lehre und Vorbild die jüngeren Frauen dazu anleiten, ihre Männer und ihre Kinder zu lieben, verantwortungsbewusst zu handeln und sich von jeder Verfehlung rein zu halten, sich um ihren Haushalt zu kümmern, freundlich zu sein und sich ihren Männern unterzuordnen. Denn die Botschaft Gottes soll nicht in Verruf geraten.*
>
> *Halte auch die jüngeren Männer dazu an, in jeder Situation verantwortungsbewusst zu handeln. Sei du selber ihnen ein Vorbild darin, Gutes zu tun. Wenn du lehrst, tu es aufrichtig und glaubwürdig; deine Worte sollen mit der gesunden Lehre übereinstimmen und unanfechtbar sein.*

Dann werden unsere Gegner beschämt dastehen, weil sie uns nichts Schlechtes nachsagen können.

Den Sklaven schärfe ein, sich ihren Herren in allem zu unterstellen und sich so zu verhalten, dass diese mit ihnen zufrieden sein können. Sie sollen sich ihren Anweisungen nicht widersetzen und nichts stehlen oder unterschlagen, sondern sich in jeder Hinsicht als treu und zuverlässig erweisen. Alles, was sie tun, soll eine Empfehlung für die Lehre sein, die von Gott, unserem Retter, kommt.

Titus 2,1-10 NGÜ

Man beachte, wie Paulus seine Anweisungen beendet (Vers 10). Er schreibt Titus nicht, er solle seine Gemeinde aus Sklaven und Freien, Jungen und Alten lehren, sich auf diese Weise zu verhalten, um Gottes Gnade zu gewinnen – diese Gnade bekommen wir in Gott, unserem Retter, geschenkt. Sondern Paulus pocht darauf, dass Christen auf diese Weise leben sollen, um „eine Empfehlung für die Lehre" zu sein.

Nichts war im ersten Jahrhundert hinterfragenswerter als ein Sklave, der seinen Herrn liebte, oder ein junger Mann mit Selbstdisziplin oder eine alte Frau, die sich nicht am Klatsch beteiligte. Mit anderen Worten: Das war Paulus' Rezept für ein „fragwürdiges" Leben zu seiner Zeit. Unsere Herausforderung besteht darin, herauszufinden, wie ein ähnlich hinterfragenswertes Leben im 21. Jahrhundert aussieht.

WELCHER LEBENSSTIL FORDERT FRAGEN HERAUS?

Es gibt eine alte Kommunikationstheorie, die lautet: Ist die Vorhersagbarkeit hoch, sind die Effekte gering. Mit anderen Worten: Wenn die Zuhörer zu wissen glauben, was man sagen wird und man es dann auch sagt, passiert nicht viel. Wenn die Zuhörer dagegen überrascht oder fasziniert sind, denken sie lange und gründlich über das Gehörte nach.

Dasselbe gilt für das Bemühen der Christen. Erinnern wir uns: Der evangelistische Gläubige soll vor allem Neugier unter den Ungläubigen wecken, die zu Fragen und Gesprächen über den Glauben führt. Hilfeleistungen sind bei Christen heute ziemlich normal, daher überraschen sie die Welt nicht mehr. Zu hören, dass ein christlicher Geschäftsmann für einen guten Zweck gespendet oder eine Gemeinde eine Tafel oder ein Hospiz gegründet hat, klingt nicht besonders beeindruckend. So etwas erwartet man. Ich will damit nicht sagen, christliche Nächstenliebe als Ausdruck für die Gnade, die Jesus schenkt, sollte nicht mehr praktiziert werden. Sie löst aber heute nicht mehr in dem Maße Fragen aus wie im 4. Jahrhundert.

Ich glaube, dasselbe gilt für das pflichtbewusste Leben einer integren Mittelklasse-Familie im Vorort. Und wieder: Ich sage nicht, dass wir nicht mehr so leben sollten. Nur: Wenn wir ein hinterfragenswertes Leben führen wollen, löst es wenig aus, wenn wir Rasen mähen, die Nachbarn grüßen, unser Auto waschen, mit dem Hund Gassi gehen und jeden Tag ins Büro fahren.

Um den evangelistischen Auftrag zu erfüllen, den Paulus und Petrus und das Evangelium uns vor Augen malen, müssen wir uns *nach außen* ausstrecken, hin zu den Menschen in unserem Umfeld, aber genauso *nach oben*, zu einer tieferen Beziehung mit Jesus. Das ist nicht nur eine Herausforderung an uns persönlich, sondern Paulus fordert uns auf, unseren evangelistischen Auftrag gemeinschaftlich zu erfüllen. Es geht darum, zugleich *nach innen* eine selbstbewusste christliche Gemeinschaft zu werden, in der wir die Evangelisten, die uns geschenkt sind, wahrnehmen und unserer Verantwortung gerecht werden, ein „fragwürdiges" Leben zu führen. Im Leben anderer spielen wir dann eine geistliche, begeisternde, unternehmungslustige, fröhliche Rolle.

Bei alldem geht es nicht darum, mal etwas Überraschendes, aber ansonsten Gewöhnliches zu tun. Ich glaube, wir müssen einen neuen Rhythmus oder neue Gewohnheiten entwickeln, die einen missionalen Lebensstil befeuern, der andere begeistert. Und ich glaube, dass die fünf Gewohnheiten, die ich vorstellen will, genau dabei helfen.

→ *Reflektieren Sie Ihren Alltagsrhythmus. Was von dem, was Sie tun, ist in erster Linie von Ihrem Glauben motiviert?*

Was halten Sie davon für „fragwürdig"?

→ *Welche Gewohnheiten in Ihrem Leben finden Menschen ohne Gottesbezug überraschend oder faszinierend?*

2. FÜNF NEUE GEWOHNHEITEN

Jeder kennt in seiner Gemeinde kurze oder einmalige Aktionen, bei denen man rausgehen und mit anderen Leben und Glauben teilen soll. Ich will die Auswirkungen solcher gezielter Initiativen gar nicht schmälern. Mir geht es aber um etwas anderes: nämlich um die Herausforderung, einen regelmäßigen Rhythmus einzuüben und Gewohnheiten zu finden, die unser Alltagsleben verändern.

Die Beziehung zwischen unserer (inneren) Spiritualität und unserem (äußeren) Handeln ist weitaus größer, als viele glauben. Jesus und die neutestamentlichen Autoren sahen eine starke Verflechtung von Glauben und Handeln – für sie war es undenkbar, beide voneinander zu trennen. Eine Person ohne ihre Taten zu betrachten, kann sogar sehr gefährlich sein. Der Apostel Jakobus schreibt: „Zeig mir doch einmal deinen Glauben, wenn du mir nicht die entsprechenden Taten zeigen kannst! Aber ich will dir meinen Glauben aus meinen Taten beweisen." (Jak 2,18 GNB). Es ist weitaus biblischer, Taten als eindeutigen Ausdruck der handelnden Person zu betrachten. Der Schweizer Psychiater Carl Jung hat einmal gesagt: „Du bist, was du tust – nicht was du sagst, was du tun wirst."

Unser Glaube drückt sich häufig in Taten aus. Und umgekehrt gilt genauso: Unsere Taten können auch unseren Glauben prägen. Aristoteles sagte: „Wir sind das, was wir wiederholt tun. Vorzüglichkeit ist daher keine Tat, sondern eine Gewohnheit."

Übertragen wir diesen Gedanken auf den Glauben, heißt das: Der Glaube ist keine Tat, keine einzelne Entscheidung, nicht einmal nur ein Glaubenssystem, sondern Glaube ist eine *Gewohnheit.*

Der französische Philosoph Pierre Bourdieu sagte dazu *Habitus.* Seiner Ansicht nach entwickelt eine Gesellschaft insgesamt ein komplexes System aus Normen, die das Verhalten und Denken ihrer Mitglieder bestimmen. Mit anderen Worten: Reaktionen und Verhaltensweisen, die eine Gesellschaft gutheißt, prägen auch die Art und Weise, wie die Gesellschaft denkt. Der Habitus einer Gesellschaft hilft auf bestimmende Weise dem Menschen wie er denkt, fühlt und handelt und dadurch wird er angeleitet.

Die Mehrheit der Amerikaner beispielsweise hält Hochzeit, Karriere, Hausbau und Familiengründung für wichtige und erstrebenswerte Meilensteine. Sie alle sind Beispiele für den amerikanischen Habitus. Sie sind erstrebenswerte Handlungsweisen (oder Gewohnheiten, wenn man so will), die umgekehrt wiederum eine Weltanschauung verstärken, in der Monogamie, Immobilienbesitz, Berufstätigkeit, Konsum und Fortpflanzung hohe Ideale sind. Natürlich teilt nicht jeder Amerikaner diese Werte oder hält all das für erstrebenswert. Und nicht alle, die danach streben, erreichen es vollends. Aber alles sind gesellschaftliche Handlungsweisen, die erwartet werden und die im Umkehrschluss zentrale amerikanische Werte prägen. Insofern wird der Habitus unbewusst geprägt und fortgeführt, ohne dass ausdrücklich für ein Weiterbestehen gesorgt würde.

Genau wie die erwünschten Handlungsweisen einer Gesellschaft die Werte dieser Gesellschaft prägen, können die persönlichen Gewohnheiten einer Person ihre Werte formen. Ich halte das sogar für einen häufig übersehenen Aspekt von Jüngerschaft. Wir müssen unter Christen Gewohnheiten pflegen, die umgekehrt unsere Werte und Überzeugungen prägen. Darum geht es bei SEGEN – später dazu mehr.

Es gab eine Zeit, in der die tägliche Stille Zeit für evangelikale Christen eine wesentliche Übung war, wie sie ihren Glauben pflegten. Heute ist diese Gewohnheit verloren gegangen, aber damals hielt diese tägliche Routine im Idealfall die Liebe zur Bibel und zum Gebet lebendig. Wodurch wurde unseren Eltern und Großeltern diese Stille Zeit wohl so wichtig? Bibellesen und Gebet waren zweifellos schon immer wesentliche Werte unter Christen, aber in einer bestimmten Zeit nahmen sie eine Form an, zu der das Lesen kurzer Bibeltexte, eine kleine Weile Nachdenken über die Aussagen darin und ein Gebet für Sorgen und Nöte gehörten. Bald druckten christliche Verlage Bücher, die dieses Unterfangen unterstützten. Am Ende mussten christliche Leiter gar nicht mehr besonders zu Bibellese und Gebet motivieren. Sie betonten einfach die Wichtigkeit einer täglichen Stillen Zeit und verteilten die Bücher und Hilfsmittel dafür. Die Gewohnheit entfaltete ihre Wirkung. Und die Gewohnheit vertiefte zugleich den Wert, den sie fördern sollte.

Das führt mich zurück zu meiner früheren Frage, was unsere Freunde so sehr überraschen würde, dass sie nach unseren Motiven fragen und uns Gelegenheit geben würden, mit ihnen über Jesus zu reden. Ich glaube, die Antwort hat etwas mit den missionalen Gewohnheiten zu tun, die wir uns aneignen.

MISSIONALE GEWOHNHEITEN

Man könnte sie „missionale Rituale" oder „missionale Übungen" oder „missionale Gewohnheiten" nennen: Gepflogenheiten, die wir in unserem Leben einüben und die im Gegenzug unsere missionale Haltung prägen. Mit missional meine ich alles, was wir tun und sagen, das andere auf Gottes Herrschaft hinweist.

Der südafrikanische Missiologe David Bosch schrieb: „Mission ist mehr und etwas anderes, als Leute für unseren Typ Religion anzuheuern; sie ist das Hinweisen auf Gottes universelle Herrschaft durch Christus."[1] Mit anderen Worten: Mission leitet sich von Gottes Herrschaft ab. In diesem Sinne sind unsere Mission und Gottes Reich unabänderlich miteinander verknüpft. Mission ist sowohl die Ankündigung von als auch der Nachweis für Gottes Herrschaft durch Christus.

Mission zielt nicht in erster Linie auf Gemeindewachstum. Es geht vor allem um die Herrschaft und Regie des dreieinigen Gottes. Das ist der Grund, weshalb diejenigen von uns ohne Evangelistenbegabung im Alltag Gewohnheiten einüben müssen, die uns Menschen, die keine Gottesbeziehung haben, näherbringen und zu der Art von Fragen einladen, die zu evangelistischen Gesprächen führen. Wenn unser Leben hinterfragenswert ist, werden andere uns einladen, von Gottes Herrschaft zu erzählen. Wenn die Kirche als Folge daraus wächst, umso besser.

Missionale Gewohnheiten sind nicht rein strategisch gedacht, sondern sie sind auch logisch: Wegen Gottes universeller Herrschaft durch Christus segnen wir andere, laden wir sie an unseren Tisch, hören wir auf den Geist, lernen wir von Jesus und sind zur evangelistischen Aufgabe berufen. Wenn wir vor diesem Hintergrund als Christen nur die Gewohnheit haben, zum Gottesdienst zu gehen und Veranstaltungen zu besuchen, bringt uns das weder mit Menschen in Kontakt noch wecken wir ihre Neugier über unseren Glauben.

Entscheidend sind Gewohnheiten, die uns als Gläubige zusammenbringen und zugleich auch mit anderen. Wir brauchen möglichst Formen, die uns nicht alle Energie rauben und uns ausbrennen lassen, sondern die uns im Gegenteil beleben, unsere Reserven auffüllen und uns in eine tiefere Verbindung mit Jesus führen. Mir selbst ist es mit diesen missionalen Gewohnheiten genau so ergangen.

Segnen	Ich werde in dieser Woche drei Personen segnen, von denen mindestens eine nicht zu unserer Gemeinde gehört.
Essen	Ich werde in dieser Woche mit drei Personen gemeinsam essen, von denen mindestens eine nicht zu unserer Gemeinde gehört.
Gott hören	Ich werde mir in dieser Woche mindestens einmal Zeit nehmen, um auf die Stimme des Heiligen Geistes zu hören.
Entdecken	Ich werde mir in dieser Woche mindestens einmal Zeit nehmen, um Jesus zu entdecken.
Notieren	Ich werde mir in dieser Woche notieren, wie ich andere auf Gottes umfassende Herrschaft durch Jesus hingewiesen habe.

SEGEN: Die fünf Gewohnheiten missionaler Menschen

In den nächsten Kapiteln werde ich genauer erklären, was diese fünf Gewohnheiten beinhalten, aber ich will hier schon einmal darauf hinweisen, dass jede Gewohnheit einen bestimmten Wert im Leben derjenigen freisetzen soll, die sie praktizieren.

- Wer jede Woche drei Menschen segnet, wird großzügiger werden.
- Wer gemeinsam mit anderen isst, wird gastfreundlicher werden.
- Wer das Hören auf den Heiligen Geist pflegt, wird zunehmend zu einer geistgeleiteten Persönlichkeit.
- Wer Jesus immer mehr entdeckt, wird ihm aller Voraussicht nach auch immer ähnlicher werden.
- Wer notiert, auf welche unzähligen Arten er oder sie in das eigene Umfeld gesandt wurde, wird sich selbst immer stärker als gesandt empfinden oder als Missionar oder Missionarin im persönlichen Bekanntenkreis.

Mit anderen Worten: Jede Gewohnheit prägt in uns einen bestimmten missionalen Wert.

Segnen	→	großzügig
Essen	→	gastfreundlich
Gott hören	→	geistgeleitet
Entdecken	→	jesusähnlich
Notieren	→	missional

Missionale Gewohnheiten und ihre missionalen Werte

Mein Punkt ist der: Wer ein großzügiger, gastfreundlicher, geistgeleiteter, jesusähnlicher Missionar sein will, sollte nicht nur versuchen, die Werte zu lernen – sondern die Gewohnheiten zu pflegen! Ich bin ziemlich sicher, dass die meisten Gemeinden ein Motto oder ein

Leitbild mit ganz ähnlichen Zielen haben. Ich vermute auch, dass die meisten Gemeindemitglieder dem theoretisch zustimmen. Aber vielen ist nicht klar, wie genau es aussieht, wenn man diese Gewohnheiten unter den Augen derer lebt, die Jesus noch nicht frei gemacht hat. Den Pastoren sage ich: Ihr braucht diese Werte gar nicht zu predigen, wenn ihr dazu ermutigt, die Gewohnheiten zu leben. Die Gewohnheiten werden dann ganz natürlich die Werte hervorbringen.

Da ich gerade Pastoren anspreche: Ich weiß, dass viele sich fragen, wie man in Gemeinden Veränderung bewirkt. Es wurde schon viel über die turbulenten Zeiten geschrieben, in denen wir leben. Die Kultur verändert sich rasant. Gemeindeleitungen investieren viel Zeit, um zu lernen, wie sie ihren Gemeinden die notwendigen Veränderungen vermitteln können, um in ihrem Umfeld eine Offenheit zu schaffen. Dazu beizutragen, das Verhalten von Menschen zu ändern, ist eine enorm wichtige Herausforderung für alle Gemeinden, die inmitten kultureller Umwälzung lebendig bleiben wollen. John Kotter, Professor der Harvard Business School, sagt: „Die zentralen Themen sind nie Strategie, Struktur, Kultur oder Systeme. Entscheidend ist immer, das Verhalten der Menschen zu verändern."[2] Gemeindestrukturen zu verändern, Leitbilder zu entwickeln, Werte zu lehren und Strategien zu entwerfen kann reine Energieverschwendung sein, wenn die Leute gar nicht genau wissen, was sie konkret tun sollen. Der Pastor und Theologe Lee Beach schreibt:

> *Gemeindeleitungen stehen oft in der Versuchung und unter dem Druck, immer neue evangelistische Ideen zu finden oder für das neueste Projekt zu werben, das in anderen Gegenden funktioniert. Das ist an sich auch nicht falsch; evangelistische Ideen können zu missionalen Effekten beitragen. Aber sie gehören nicht zum Kerngedanken von Mission im 1. Petrusbrief (oder insgesamt im Neuen Testament). Petrus lehrt die Gemeinde, dass eine geistliche, evangelistische Wirkung aus einem schlichten, täglichen Gehorsam von Christen erwächst, die in authentischer Gemeinschaft zusammenleben und als Botschafter für Christus in ihr Umfeld hinausgehen.*[3]

DIE SCHATTENSEITE DES HABITUS

Natürlich gehört zur Verhaltensänderung auch der Nachteil der Gewöhnung. Eine Gewohnheit kann einen Wert vertiefen, aber wenn sich Gewohnheit einstellt, kann sie auch zu Resistenz gegenüber diesem Wert führen. Deshalb erhöhen Drogenabhängige ihren Konsum. Gewöhnung erklärt (zumindest teilweise), warum die Stille Zeit auf der Strecke geblieben ist. Eine Gewohnheit, die nicht erklärt und gefüllt wird, kann zur Routine und damit leichter aufgegeben werden. Das ist die Schattenseite des Habitus – die Kluft zwischen leerem Ritual und neuem Schwung.

Wenn neue Werte etabliert werden, können Gewohnheiten zudem andere Werte außer Kraft setzen. Mit der Stillen Zeit betonte man die persönliche Bibellese und das Gebet, verlagerte das Christsein aber damit auch in den privaten Bereich und beäugte die Betonung von sozialem Engagement skeptisch, weil sich der Zusammenhang zwischen sozialen Anliegen und persönlichen geistlichen Übungen nicht so leicht erschließt.

Entscheidend ist, Gewohnheiten für alle zu entwickeln, die *bewusst* gelebt werden, damit sie nicht zu gedankenlosen Angewohnheiten werden wie etwa das Nägelkauen. Das Verhalten soll zum normalen, alltäglichen Lebensstil werden, aber die Werte, die es fördern soll, dürfen dabei nicht aus dem Blick geraten. Dem Gewöhnungseffekt können wir dabei meines Erachtens auf dreierlei Weise entgegenwirken:

Erstens dürfen wir die entscheidende Rolle der begabten evangelistischen Schlüsselpersonen nicht vergessen, von denen ich im letzten Kapitel schrieb. Ihre Aufgabe ist nicht nur, als Evangelisten unterwegs zu sein, sondern sie sollen uns auch unaufhörlich dazu ausrüsten, über unseren Glauben zu reden und uns an das oberste Ziel der Gewohnheiten zu erinnern, die wir uns bemühen zu leben. Wenn ich in die gedankenlose Ausübung bestimmter Gewohnheiten verfalle, sollte mein begabter, evangelistischer Leiter die Flamme immer wieder neu entfachen, indem er mich auf den Zweck der Gewohnheiten hinweist.

Genau deshalb ist Paulus' zweifacher Weg so strategisch: Wir brauchen sowohl begabte Evangelisten als auch normale Gläubige, die evangelistische Gewohnheiten leben.

Zweitens sollten wir uns in Erinnerung rufen, dass es um *missionale* Gewohnheiten geht. Sie sollen uns helfen rauszugehen, jenseits unserer Grenzen, hinein in das Leben anderer. Eine sehr persönliche Erfahrung wie die tägliche Stille Zeit kann sehr leicht zum Ritual werden. Die zutiefst auf Beziehung angelegten Gewohnheiten von Segen, Gastfreundschaft und Gesandtschaft bringen eine Rechenschaft von außen mit sich. Wenn wir es uns zur Gewohnheit machen, jede Woche gemeinsam mit Menschen zu essen, die nicht mit Jesus unterwegs sind, erinnert uns der Austausch mit diesen andersgläubigen Freunden schon an den eigentlichen Grund hinter dieser Gewohnheit.

Drittens brauchen wir, wie ich später noch ausführlicher erläutern werde, Rechenschaft. In diesen Beziehungen fordern wir uns gegenseitig dazu heraus, die Gewohnheiten zu pflegen, und erinnern uns daran, dass ein missionaler Lebensstil nicht nur dazu führt, dass Menschen Fragen stellen – sondern auch ein toller Rahmen ist für unsere eigene, tiefere Jüngerschaft.

→ ***Überlegen Sie, ob Sie Gewohnheiten pflegen, die mit ihrem christlichen Glauben zu tun haben. Sind sie zum leeren Ritual oder zur Routine geworden?***

→ ***Wie tragen diese Gewohnheiten dazu bei, dass Sie sich nach oben, innen oder außen ausstrecken, als Ausdruck von Gottes Herrschaft?***

3. SEGNEN: DIE ERSTE GEWOHNHEIT

Ich werde in dieser Woche drei Personen segnen, von denen mindestens eine nicht zu unserer Gemeinde gehört.

Die erste Gewohnheit, die ich Ihnen gern ans Herz legen möchte, ist die, andere zu segnen. Genauer gesagt empfehle ich Ihnen, jede Woche drei Personen zu segnen – von denen mindestens eine ein Mitglied Ihrer Gemeinde ist und eine *nicht*. Die dritte kann in eine der Kategorien fallen.

Der Begriff „segnen" kann verschiedene Bedeutungen haben. Der englische Begriff „to bless" beschreibt ursprünglich, dass etwas oder jemand durch einen religiösen Ritus oder ein Wort *geweiht* wird. Das deutsche Wort „segnen" leitet sich vom lateinischen *signare* (zeichnen) ab, gemeint ist wohl: mit dem Zeichen des Kreuzes versehen.[1] Als die Bibel übersetzt wurde, wählte man diese Begriffe entsprechend zum lateinischen *benedicere* und dem griechischen *eulogein*, die beide die Bedeutung haben: „Gutes sagen", „loben".

Heute wird der Begriff *segnen* auf unterschiedliche Weise verwendet. Meist soll damit einander Wohlergehen oder Glück zugesprochen werden.

Ich habe gehört, dass zur Etymologie von „to bless" auch eine weitere Bedeutung gehört: „zum Arm eines anderen Stärke hinzufügen". Insofern bedeutet andere zu segnen auch, sie aufzubauen, sie zu ermutigen, damit sie an Stärke und Wohlergehen zunehmen.

Was bedeutet es, zum Arm eines anderen Stärke hinzuzufügen? Es meint all das, was seine Last im Leben erleichtert. Alles, was ihm hilft, leichter zu atmen. Alles, das den Geist belebt oder Not lindert. Das kann etwas Kleines oder Großes sein. Meiner Erfahrung nach kommt Segnen in drei Formen vor.

ERMUTIGENDE WORTE

Worte der Ermutigung sind der einfachste Weg, jemanden zu segnen. Senden Sie jemandem eine Nachricht, schreiben Sie eine E-Mail oder SMS, formulieren Sie Zuspruch und Ermutigung. Sagen Sie, was Ihnen Bemerkenswertes an der Person aufgefallen ist. Mark Twain bemerkte einmal: „Von einem guten Kompliment kann ich zwei Monate lang leben." Ich habe den Vergleich gehört, eine Ermutigung sei wie Sauerstoff für die Seele. Wunderschön. Ermutigende Worte helfen unserer Seele, leichter zu atmen.

Gary Chapman führt Lob und Anerkennung als eine seiner fünf Sprachen der Liebe auf. Für ihn ist sie eine verbale Unterstützung, um Liebe auszudrücken. Aber er geht noch weiter. Er weist darauf hin, wie wichtig Empathie ist, wenn wir andere mit Worten der Ermutigung segnen wollen:

> *Ermutigung erfordert Empathie und einen Blick auf die Welt aus der Perspektive des anderen. Wir müssen zuerst lernen, was dem anderen wichtig ist. Erst dann können wir ermutigen. Mit verbaler Ermutigung versuchen wir zu vermitteln: „Ich sehe dich. Ich nehme Anteil. Ich bin bei dir. Wie kann ich dir helfen?" Wir versuchen zu zeigen, dass wir an die Person und ihre Fähigkeiten glauben. Wir zollen ihr Lob und Anerkennung.*[2]

NETTE GESTEN

Wer würde sich nicht gesegnet fühlen, wenn jemand ihm einen Gefallen tut oder praktische Unterstützung anbietet? Einer alten Dame den Rasen mähen. Bei einem erschöpften Paar die Kinder hüten. Einem Nachbarn beim Umzug helfen. Solche netten Gesten fügen einem Arm buchstäblich Stärke hinzu; sie helfen dem Empfänger, die Last zu tragen. Halten Sie nach Möglichkeiten Ausschau, jemanden mit solchen netten Gesten zu unterstützen.

Ich besitze eine alte Karte der Anonymen Alkoholiker mit dem Motto „Nur für heute". Darauf stehen neun Versprechen, die ein trockener Alkoholiker bei diesem Programm täglich ablegen muss. Das fünfte Versprechen lautet: „Ich werde jemandem Gutes tun, ohne dass es ein anderer erfährt. Wenn jemand davon weiß, zählt es nicht." Schön, oder? Ich will nicht sagen, dass Ihre freundlichen Gesten geheim bleiben müssen, wie das Programm der Anonymen Alkoholiker es vorschrieb, aber das Prinzip ist dasselbe. Trainieren Sie Ihre Seele und segnen Sie andere, indem Sie ihnen in dieser Woche etwas Gutes tun. Es wird nicht nur ein Segen für Ihre eigene Seele, sondern auch Beistand für jemand anderen sein und damit hoffentlich im Lauf der Zeit Ihre Beziehung zueinander stärken.

GESCHENKE

Der Empfänger eines Geschenks blüht auf angesichts der Zuneigung, Fürsorge und Mühe, die hinter dem Geschenk stecken. Ein Geschenk kann dem Empfänger zeigen, dass er gesehen und wertgeschätzt wird. Und ich rede hier nicht von Geburtstags- oder Weihnachtsgeschenken. Ich meine Geschenke ohne jeden Anlass. Fast alles, das je zum Thema Liebe geschrieben wurde, deutet darauf hin, dass Liebe im Kern Geben bedeutet. Ein Geschenk ist ein Symbol für diesen Gedanken.

Geschenke gibt es in allen Größen, Farben und Formen. Manche sind teuer, andere umsonst. Manches schenkt man aus offensichtlichen Gründen: Eine knapsende, alleinerziehende Mutter wird dankbar für einen Lebensmittelkorb sein. Das Opfer eines Unglücks freut sich, aufgemuntert zu werden. Aber manche Geschenke sind nichts weiter als ein Ausdruck dafür, dass man an den Empfänger gedacht hat.

Wie gesagt, ich schlage vor, dass Sie mindestens ein Mitglied Ihrer Gemeinde segnen und eine Person, die kein Christ ist. Das Segnen wird in Ihrer Gemeinde also fröhlich hin und her gehen und die Mitglieder werden einander ermutigen, beschenken und mit netten Gesten bedenken. Außerdem werden die Gemeindemitglieder hinausgescheucht, um Menschen außerhalb zu segnen. Sie werden sehen, wie eine solche Kultur des Segnens – durch Aufmunterungen, freundliche Gesten, Geschenke – Menschen miteinander verbindet. Sie bewirkt, dass die christliche Gemeinschaft gestärkt wird, während die Mitglieder gleichzeitig tiefer in das Leben von Menschen außerhalb eintauchen.

Darüber hinaus kann diese einfache Übung des Segnens auch riesige evangelistische Auswirkungen haben. In seinem Buch „Discover Your Mission Now" berichtet Dave Ferguson von einer Dissertation mit dem Titel „Blessers Versus Converters" (auf Deutsch etwa: „Segnende im Vergleich zu Bekehrenden"). Die Autoren hatten zwei Teams untersucht, die mit zwei völlig verschiedenen Ansätzen zu Kurzzeiteinsätzen in Thailand unterwegs waren. Das Team, das er „Segnende" nennt, zog los mit der Absicht, einfach Menschen zu segnen. Ihre Mission war, jeden zu segnen, der ihren Weg kreuzte – auf welche praktische Weise auch immer. Die „Bekehrenden" dagegen traten einzig und allein mit der Absicht an, Menschen zu bekehren und jeden, der ihnen begegnete, zu evangelisieren.

Die Untersuchung ergab – vielleicht wenig überraschend –, dass die Segnenden viel größere soziale Auswirkungen erlebten. Klingt einleuchtend. Wenn Kurzzeitteams mit der Absicht antreten, zum gesellschaftlichen Wohl beizutragen, erleben sie gesellschaftliche Auswirkungen. Aber Ferguson weist noch auf ein zweites Ergebnis hin:

> *Zweitens fanden sie heraus, und das ist das Überraschende, dass die „Segnenden" auch fast 50 Mal mehr Bekehrungen erlebten als die „Bekehrenden"! Die „Segnenden" waren 50 Mal erfolgreicher darin, Menschen zu helfen, ihren Weg zurück zu Gott zu finden!*[3]

Der Grund dafür liegt wohl in dem oben erwähnten Grund: Wenn wir so leben, wie man es nicht erwarten würde (wozu eindeutig gehört, Fremde zu segnen), werden Menschen uns Fragen stellen. Damit haben wir die beste Chance, von der Hoffnung zu erzählen, die wir in Jesus haben.

EIN PAAR WARNENDE WORTE ZUM SEGNEN

Nach alldem will ich noch ein paar warnende Worte loswerden. Erstens: Wenn wir andere segnen, werden wir unweigerlich die Chance bekommen, über unseren Glauben zu reden – aber wir sollten aufpassen, dass wir zu unseren Freunden nicht nur großzügig sind, weil wir sie bekehren wollen. Wir sind zum Segnen berufen, weil wir dafür geschaffen wurden, die Völker zu segnen. Zweifellos gaben die Christen, über die Kaiser Julian sich im 4. Jahrhundert beschwerte, auch vielen Armen zu essen, die sich nicht bekehrten, kümmerten sich um Sterbende und zahllose Fremde, die nicht zu Jesus fanden. Sie verfolgten damit keine evangelistische Strategie als solche. Es war einfach ihr natürlicher Lebensstil. Sie taten all das aus Gewohnheit. Genau daran entzündete sich Julians Zorn: Die Galiläer, wie er sie nannte, taten all das ohne einen persönlichen Nutzen im Hinterkopf. Wenn wir uns angewöhnen, andere mit Geschenken, Zeit und Ermunterung zu segnen, ist das ein Ziel in sich. Wir tun es, weil daraus ein Geist der Freigiebigkeit entspringt, weil es Gottes Charakter widerspiegelt und weil es andere auf seine Herrschaft hinweist.

Die zweite Warnung: Segnen erreicht dann sein Ziel, wenn der Empfänger sich *gesegnet fühlt*. Zur Erinnerung: Wir wollen mit dem, was wir tun, dem Arm mehr Stärke verleihen. Wenn Menschen sich durch uns manipuliert oder benutzt fühlen, ist unser vermeintlicher Segen schlichtweg keiner. Etwas zu schenken, um im Gegenzug etwas zu bekommen (etwa, wenn wir Menschen bestechen, in unsere Gemeinde zu kommen), hinterlässt einen üblen Nachgeschmack bei Leuten. Wir sollten Paulus' Worte aus Philipper 2,3-4 im Hinterkopf behalten:

Handelt nicht aus Selbstsucht oder Eitelkeit! Vielmehr seid bescheiden und achtet den anderen mehr als euch selbst. Seid auch auf das Wohl der anderen bedacht, nicht nur auf euer eigenes.

Selbst wenn niemand nach unserer Motivation fragt, gewöhnen wir uns einen Lebensstil an, mit dem wir andere beschenken, ihnen unsere Zeit widmen und sie ermutigen. Wir sind demütig, einfühlsam, liebevoll und zuverlässig. Merken wir uns diesen Vers aus den Sprüchen: „Wünscht man seinem Nachbarn schon frühmorgens lautstark Glück, wird er es als Fluch empfinden" (Spr 27,14). Was als Segen gemeint ist, muss mit Bedacht getan werden, damit es sein Ziel erreicht.

Das heißt: Wer segnet, muss aufmerksam sein für diejenigen, die er segnen will. Wir müssen die Nöte, Ängste, Hoffnungen und Sehnsüchte der Menschen um uns herum wahrnehmen, um sie angemessen segnen zu können. Die Kirchengeschichte strotzt von ganzen Völkern, die von „christlichen" Reichen kolonisiert wurden. Missionare der Kolonialzeit glaubten, den Einwohnern Segen zu bringen, doch stattdessen waren sie für die eingeborenen Kulturen Teil des Schreckens und der Entwürdigung. Dem Gründervater von Kenia, Jomo Kenyatta, wird das Zitat zugeschrieben: „Als die Missionare kamen, hatten die Afrikaner das Land und die Missionare die Bibel. Sie lehrten uns, mit geschlossenen Augen zu beten. Als wir sie öffneten, hatten sie das Land und wir die Bibel."[4] Egal, ob das eine übertriebene Vereinfachung ist oder nicht – Tatsache ist:

Der Segen, die Bibel zu kennen, wurde dem Übel der Kolonialisierung zugeschrieben und damit nicht als Segen wahrgenommen. Wir können in unserem Umfeld genauso wie „Kolonialisten" wirken, wenn wir andere nur dann segnen, wenn dabei auch etwas für uns herausspringt.

Meine dritte Warnung steht damit im Zusammenhang. Wir müssen andere so segnen, dass es ihrem Arm Stärke hinzufügt, aber wir haben dennoch keine Garantie dafür, dass Menschen unsere Motive nicht missverstehen oder uns für unseren Glauben hassen. Oben habe ich 1. Petrus 3,15-16 zitiert:

Seid immer bereit, Rede und Antwort zu stehen, wenn jemand fragt, warum ihr so von Hoffnung erfüllt seid. Antwortet taktvoll und bescheiden und mit dem gebotenen Respekt – in dem Bewusstsein, dass ihr ein reines Gewissen habt. ***Dann werden alle beschämt sein, die euch verleumden, wenn sie sehen, was für ein einwandfreies Leben ihr in Verbindung mit Christus führt.***

1. Petrus 3,15-16 GNB (Hervorhebung durch den Autor)

Petrus predigt hier, mit Takt und Respekt gegenüber anderen vorzugehen, aber er hat nicht die Illusion, dass uns nicht trotzdem Menschen verleumden. Möglicherweise erinnert er sich an die Worte von Jesus in Matthäus 5,11: „Gott segnet euch, wenn ihr verspottet und verfolgt werdet und wenn Lügen über euch verbreitet werden, weil ihr mir nachfolgt." (NLB)

Entscheidend ist offenbar, ein reines Gewissen zu bewahren. Wenn andere uns wegen Jesus verunglimpfen, auch wenn wir uns ihnen gegenüber bescheiden, freundlich und großzügig verhalten haben, dann sei es so. Immerhin hat schon Jesus es angekündigt. Aber wenn andere uns verunglimpfen, weil wir manipulative Idioten sind, dann sind wir selbst schuld.

→ ***Segnen Sie in dieser Woche drei Personen, von denen mindestens eine nicht zu Ihrer Gemeinde gehört.***

4. ESSEN: DIE ZWEITE GEWOHNHEIT

Ich werde in dieser Woche mit drei Personen gemeinsam essen, von denen mindestens eine nicht zu unserer Gemeinde gehört.

Zurück zum schrulligen alten Kaiser Julian. Wir erinnern uns: Zu seinen Hauptärgernissen, was die Christen betraf, gehörte ihre überraschende Art der Gastfreundschaft. Er ließ sich bei seinen Beamten darüber aus, eine ihrer Methoden, mit denen sie das Reich „verderben" würden, sei ihr so genanntes Liebesmahl oder ihre Tischgemeinschaft. Er scheint sich nicht sicher zu sein, wie ihre Zusammenkunft heißt, denn er schreibt: „Sie leben es auf vielerlei Weisen und nennen es bei verschiedenen Namen."

Was genau meinte er damit? Und auf wie viele Arten wurde es gelebt? Vorweg: Man darf bezweifeln, dass er damit nur die Eucharistie oder Abendmahlsfeier meinte, wobei sie vermutlich ursprünglich Teil des christlichen Liebesmahls war. Wir wissen, dass bei den Korinthern ein gemeinsames Essen zu ihrem wöchentlichen Rhythmus gehörte, denn Paulus rügt sie in 1. Korinther 11,17-34 dafür, dass sie es so unglücklich organisieren. Mehr dazu später. Es hat jedenfalls den Anschein, dass die frühen Christen so viel Wert auf ihr Leben und ihren Dienst rund um den Tisch legten, dass außenstehende Beobachter wie Kaiser Julian die genaue Form der verschiedenen Mahlzeiten nicht zuordnen konnten.

Ungefähr im Jahr 112 nach Christus schrieb der römische Senator der Provinz Bithynien-Pontus (in der heutigen Türkei), Plinius der Jüngere, einen Brief an Kaiser Trajan und bat um Rat, wie er mit der Gemeinde umgehen sollte. Er berichtete, die Christen kämen „immer an einem festgesetzten Tag vor Sonnenaufgang zusammen“ und brächten „Christus wie einem Gott ein Lied dar“. Später am selben Tag „sei es ihr Brauch, sich zu trennen und dann wieder zusammenzukommen, um Speise zu sich zu nehmen, jedoch übliche und unschädliche“[1]. In anderen Dokumenten damaliger Zeit finden sich verschiedene Hinweise auf die Unterschiede zwischen Abendmahl und Liebesmahl, als wären beide zwei ganz verschiedene Zusammenkünfte gewesen. Das mag der Grund dafür sein, dass Kaiser Julian nicht mehr recht durchblickte. In jedem Fall entwickelte sich unter den frühen Christen offenbar der regelmäßige Ablauf, morgens das Abendmahl und abends das Liebesmahl zu feiern.

Mein Punkt ist der: Seit Beginn der christlichen Bewegung waren gemeinsame Mahlzeiten ein zentraler christlicher Wert. Und zwar nicht nur das sakrale Mahl der Eucharistie, sondern auch die missionale Form, in der sich die Liebe zu allen ausdrückt. Gemeinsames Essen kann man auch als ein zutiefst *theologisches* Format verstehen: Es spiegelt das Wesen des dreieinigen Gottes wider. Janice Price vom Forum Weltmission in der anglikanischen Kirche in England schreibt:

> *Gastfreundschaft, gegenseitige Besuche werden zum Modus Operandi von Mission, wenn Menschen, die gemeinsam Leben teilen und in Gottes Auftrag unterwegs sind, sich treffen und voneinander empfangen. (...) Gastfreundschaft ist eine Herzenshaltung, bei der es um gegenseitige Offenheit geht. (...) Das spiegelt die Gastfreundschaft der Dreieinigkeit wider: Gott beschloss, sich in der Inkarnation für die anderen zu öffnen und sich der geschaffenen Ordnung zu unterwerfen. (...) Es geht darum, unser gemeinsames Menschsein anzuerkennen und zu leben und freigiebig auf die emotionalen, geistlichen und körperlichen Bedürfnisse der Menschheit einzugehen. Das nämlich entspricht Gottes Handeln gegenüber der Schöpfung.*[2]

Ich ermutige Sie dazu, es sich zur Gewohnheit zu machen, jede Woche mit drei Leuten gemeinsam zu essen. Aber mir ist wichtig hinzuzufügen, dass das nicht nur eine gute missionale Strategie ist, sondern wir auf diese Weise auch in den Fußstapfen von Jesus wandeln.

Der britische Pastor und Autor Tim Chester stellte einmal die Frage: „Wie würdet ihr den folgenden Satz ergänzen: ‚Der Sohn des Menschen kam ...'?" Im Neuen Testament wird dieser Satz dreimal unterschiedlich vervollständigt. Die ersten beiden sind sehr bekannt (und kamen Ihnen vielleicht in den Sinn, als Sie Chesters Frage lasen). Die dritte klingt überraschend:

- „Der Sohn des Menschen kam nicht, um sich dienen zu lassen, sondern um zu dienen und sein Leben als Lösegeld für viele hinzugeben." (Mk 10,45)
- „Der Sohn des Menschen kam, um Verlorene zu suchen und zu retten." (Lk 19,10)
- „Der Sohn des Menschen kam essend und trinkend." (Lk 7,34)

Während die ersten beiden häufig zitierten Verse davon handeln, mit welchem Ziel Jesus kam – zu dienen, sein Leben als Lösegeld zu geben, die Verlorenen zu suchen und zu retten – beschreibt der dritte Vers seine Methode. Wie kam Jesus? Er kam essend und trinkend.

Interessant ist, dass Jesus sich in diesen Versen als der „Sohn des Menschen" beschreibt. Er beschreibt sich in den Evangelien mit verschiedenen Titeln, aber dieser hier gehört zu den drastischeren. Die Formulierung „Sohn des Menschen" stammt aus dem apokalyptischen Buch Daniel und beschreibt den, der vor Gott tritt und Macht über die Völker verliehen bekommt (Daniel 7,13f). Dass Jesus sich diesen apokalyptischen Titel aneignet, mag erst spektakulär klingen, aber dann sagt er, dass dieser Sohn des Menschen nicht in Herrlichkeit auf den Wolken des Himmels einzieht, begleitet von himmlischen Heerscharen, sondern dass er einfach isst und trinkt.

Ich fand schon immer spannend, dass es einen Punkt gibt, den Jesus uns für jedes Mal aufgetragen hat, wenn wir zusammenkommen – und der lautet: zu essen. Ich habe nicht überlesen, dass seine Gegner ihm regelmäßig vorwarfen, ein Vielfraß und Säufer zu sein (Lk 7,34). Der Vorwurf stimmte nicht, aber offenbar erhielten seine Feinde durch seine Bereitschaft, mit Sündern, Zolleinnehmern und Prostituierten gemeinsam zu essen und zu trinken, eine Menge Munition. Dann gibt er seinen ersten Nachfolgern etwas an die Hand, wie sie sich an ihn erinnern sollen – und was war das? Denken Sie an Lukas 22,19: „Dann nahm er Brot, dankte Gott dafür, brach es in Stücke und gab es den Jüngern mit den Worten: ‚Das ist mein Leib, der für euch hingegeben wird. Tut das, um euch an mich zu erinnern!'" Jawohl, der „Säufer" und „Vielfraß" wies seine Nachfolger an, zur Erinnerung an ihn zu essen und zu trinken. Ich finde das herrlich subversiv.

Der Tisch sollte das wichtigste Symbol für die christliche Zusammenkunft sein. Er steht für Gastfreundschaft, Annahme, Großzügigkeit und Gnade. In vielen Gemeinden heute wäre das wichtigste Symbol vermutlich die Kanzel oder die Leinwand. Diese Gemeinden glauben offenbar, Jesus hätte gesagt: „Jedes Mal, wenn ihr zusammen seid, hört eine Predigt und singt Lieder." Nein, ich bin nicht gegen Predigten oder Gesang, aber wenn wir die Aufforderung von Jesus ernst nehmen, müsste uns klar sein, dass der Tisch die bessere Metapher für christliche Anbetung ist. Mir gefällt, wie der Theologe (und ausgebildete Koch) Simon Carey Holt die Tischgemeinschaft beschreibt:

> *Ein Leben, das es wert ist, gelebt zu werden, erfahren wir in der täglichen Tischgemeinschaft. Dank Tischgemeinschaft wissen wir, wer wir sind, woher wir kommen, kennen wir unsere Werte und Überzeugungen. Am Esstisch lernen wir, was es heißt, eine Familie zu sein und in verantwortungsvollen, liebevollen Beziehungen zu leben. Am Tisch erleben wir uns als Mitmenschen und als Bürger, wir spüren Verbundenheit zu einem bestimmten Ort und einer Gemeinschaft und erleben Zuhause und Zugehörigkeit. Am Tisch feiern wir die Schönheit und drücken Solidarität mit denen aus, die leiden und Hunger haben.*[3]

Die Einladung zur Tischgemeinschaft hat in jeder Kultur eine tiefe Bedeutung. Daher rufe ich Sie auf, es sich zur Gewohnheit zu machen, jede Woche mit drei Personen gemeinsam zu essen. Der oft so prallvolle Kalender wird dadurch gar nicht viel mehr belastet. Sie essen ohnehin dreimal am Tag. Das sind 21 Mahlzeiten pro Woche. Ich schlage einfach vor, zu dreien davon noch jemanden hinzuzunehmen. Oder – wenn Sie alle Fliegen mit einer Klappe schlagen wollen – laden Sie zu einer Mahlzeit einfach gleich drei Menschen ein. Sie können zu einem aufwändigen Abendessen einladen oder sich beim Frühstück treffen oder einfach zu Kaffee und Donuts. Setzen Sie sich in dieser Woche einfach mit drei Menschen an einen Tisch und ... reden Sie.

Am Tisch sind wir alle auf gleicher Augenhöhe. Wenn wir gemeinsam essen, entdecken wir die Menschlichkeit in jedem von uns. Wir erzählen Geschichten. Wir teilen Hoffnungen. Und Ängste. Und Enttäuschungen. Menschen öffnen sich einander. Und wir können uns selbst öffnen und uns mitteilen – unseren Glauben an Jesus eingeschlossen. Alan Hirsch und Lance Ford schreiben in ihrem Buch „Right Here, Right Now“:

> *Regelmäßig gemeinsam zu essen, ist eine der heiligsten Übungen, die wir uns als Gläubige vornehmen können. Missionale Gastfreundschaft ist eine fantastische Chance, Gottes Reich auszuweiten. Wir können uns buchstäblich ins Reich Gottes futtern! Würde jeder christliche Haushalt regelmäßig einmal in der Woche fremde oder arme Menschen zu sich zum Essen einladen, würden wir die Welt buchstäblich durch gemeinsames Essen verändern!*[4]

WIE WIR ES (NICHT) ANSTELLEN SOLLTEN

Wir wissen, dass die Gemeinde in Korinth regelmäßig das Liebesmahl feierte. Aber wir wissen aus Paulus' Briefwechsel, dass sie es völlig falsch anstellte. Paulus beschreibt seine Bedenken folgendermaßen:

> *Ich komme nun zu eurer nächsten Frage und darin kann ich euch nicht loben. Denn es scheint, als würde mehr Schaden angerichtet als Gutes bewirkt, wenn ihr zusammenkommt. Erstens höre ich, dass es bei euren Gemeindeversammlungen zu Spaltungen kommt, und zum Teil glaube ich das sogar.*

Denn es muss natürlich Spaltungen unter euch geben, damit deutlich wird, wer von euch sich bewährt. Doch euch geht es offenbar gar nicht um das Abendmahl, wenn ihr zusammenkommt. Denn mir wurde berichtet, dass einige von euch, kaum seid ihr beisammen, sofort anfangen, ihr selbst mitgebrachtes Essen zu verzehren. Sie teilen es nicht mit den anderen, sodass manche hungrig bleiben; wieder andere betrinken sich. Ist das wirklich wahr? Könnt ihr denn nicht zu Hause essen und trinken? Oder wollt ihr der Gemeinde Gottes Schande machen und die Armen beschämen? Was soll ich dazu sagen? Soll ich euch dafür loben? Nein, dafür lobe ich euch nicht.

1. Korinther 11,17-22 NLB

Paulus beschreibt hier nicht die radikale Geselligkeit, die das Römische Reich später auf den Kopf stellen sollte. Er beschreibt konfliktbeladene, polarisierende Zusammenkünfte, bei denen die innere Clique aß, trank und sich erfreute, während die Armen an den Rand gedrängt wurden und hungrig blieben. Und Paulus äußert sich mit scharfer Kritik: „Soll ich euch dafür auch noch loben? In diesem Punkt kann ich das ganz gewiss nicht tun!“ (Vers 22 Hfa).

Paulus’ Ärger versteht man besser, wenn man weiß, wie im Römischen Reich typischerweise gefeiert wurde. Die Römer behielten bei ihren Festen immer eine Rangordnung bei. Es gab Ehrenplätze am Kopf des Tisches, wo die Ranghöchsten Platz nahmen. Der Gastgeber und seine Frau saßen mit den Ehrengästen dort. Die mit dem zweithöchsten Rang saßen am oberen Tischende, die mit dem dritthöchsten Rang saßen weiter unten. Die Mahlzeit begann damit, dass die Diener eine zeremonielle Waschung durchführten, angefangen beim Ranghöchsten bis zum Rangniedrigsten. Dann legten die Diener den Teilnehmern des Gastmahls Blumenkränze um den Hals und boten ihnen einen Kelch Wein an. Es folgte ein üppiges Mahl aus drei bis sieben Gängen. Die Gäste lagen auf Speisesofas – niedrigen Liegen ohne Rückenlehne, auf denen Decken aus schweren Stoffen lagen und die Platz für bis zu vier Leuten boten. Für gewöhnlich gab es drei solcher

Liegesofas. Bei mehr als zwölf Gästen nahmen die vom niedrigsten Rang gemäß ihrem sozialen Status an anderen Tischen Platz.

Erkennen Sie die Ähnlichkeiten zwischen dem Fest in Korinth, wie Paulus es beschreibt, und anderen römischen Gastmählern? Die Gäste bekamen ihre Plätze nach der Reihenfolge ihrer Wichtigkeit, bestimmte Leute wurden übergangen und andere scheinen in Grüppchen gegessen zu haben statt als ganze Glaubensgemeinschaft. Paulus verachtete dieses Verhalten. Seine Vision war, dass unser Verhalten eine radikale Alternative ist zum unmenschlichen und elitären Schichtdenken der Römer. Aber seine Reaktion auf dieses Problem klingt zunächst überraschend:

> *Das Folgende hat der Herr selbst gesagt und ich gebe es euch so weiter, wie ich es empfangen habe: In der Nacht, als er verraten wurde, nahm Jesus, der Herr, einen Laib Brot und nachdem er Dank gesagt hatte, brach er ihn und sprach: „Das ist mein Leib, der für euch hingegeben wird. Tut das zur Erinnerung an mich.“ Ebenso nahm er nach dem Abendmahl den Weinkelch und sprach: „Dieser Kelch ist der neue Bund zwischen Gott und euch, besiegelt durch mein Blut. Wann immer ihr daraus trinkt, tut es zur Erinnerung an mich.“ Denn jedes Mal, wenn ihr dieses Brot esst und aus diesem Kelch trinkt, verkündet ihr den Tod des Herrn, bis er wiederkommt. Wer also unwürdig dieses Brot isst oder aus diesem Kelch des Herrn trinkt, der macht sich am Leib und am Blut des Herrn schuldig. Deshalb solltet ihr euch prüfen, bevor ihr das Brot esst und aus dem Kelch trinkt.*
>
> *1. Korinther 11,23-28 NLB*

Paulus gibt den Korinthern Worte an die Hand, die sie bei ihrem Liebesmahl verwenden können, eine eucharistische Liturgie, die das Abendmahl ins Zentrum ihres Treffens rückt. Aber wie soll das ihre Art des elitären Denkens und Feierns eindämmen? Auf ziemlich brillante Weise, muss man sagen. Paulus glaubt offenbar, die Gewohnheit, sich bei jedem Essen an das Opfer von Jesus zu erinnern, werde schon den Impuls aufheben, die Armen und Außenseiter auszuschließen.

Wenn er darauf besteht, sich vor dem Essen und Trinken „zu prüfen", will er sie damit nicht auffordern, in den tiefsten Schlupfwinkeln ihres Herzens nach übersehenen und unbereinigten Sünden zu forschen (wie manche Prediger diesen Vers heute interpretieren), sondern zu überlegen, wen sie möglicherweise aus der Gemeinschaft ausgeschlossen haben.

Mit anderen Worten: Das regelmäßige Liebesmahl war ein Übungsort für neue Verhaltensweisen der Christen, an dem sie lernten, Außenseiter zu akzeptieren, großzügig gegenüber den Armen zu sein und Gemeinschaft mit Menschen von sogenanntem niedrigerem Stand zu haben. Paulus schließt mit den Worten: „Darum, meine Brüder und Schwestern, nehmt aufeinander Rücksicht und teilt das Essen miteinander, wenn ihr *zusammen* das Abendmahl feiert" (Vers 33, Hfa, Hervorhebung hinzugefügt). Der wöchentliche Rhythmus der gemeinsamen Mahlzeit sollte helfen, die Korinther in radikale Gemeinschaftsmenschen zu verwandeln.

Natürlich spreche ich hier nicht nur davon, Außenstehende zum Sonntagsgottesdienst einzuladen. Ich will damit sagen, dass wir in unseren „Liebesmahlen" lernen sollten, wie wir in der Woche Gastfreundschaft praktizieren können. Und zwar nicht nur, indem wir gesittete Christen zu uns nach Hause einladen, sondern auch indem wir mit andersgläubigen und weniger wohlhabenden Menschen am Tisch sitzen!

Außerdem sollten wir darauf eingehen, wenn Andersgläubige unsere Gastfreundschaft erwidern und uns zu sich nach Hause einladen. Bedeutet unsere Anwesenheit an ihrem Tisch, dass wir alle ihre Werte teilen? Ben Meyer behandelt diese Frage am Beispiel von Jesus selbst. Er erläutert, dass man sich zur Zeit von Jesus nicht mit Leuten aus anderen sozialen Kreisen zum Essen traf und schon gar nicht mit Anhängern einer anderen Religion (Juden etwa setzten sich nicht mit Heiden an einen Tisch). Anschließend beschreibt er, dass Jesus völlig anders handelte:

> *Jesus stellte diese Ordnung auf den Kopf: erst Gemeinschaft, dann Bekehrung. Seine Tischgemeinschaft mit Sündern bedeutete nicht sein Einverständnis mit ihren Sünden, denn dass Gottes Herrschaft anbrach, bedeutete nicht, dass ihre Forderungen aufgehoben waren. Aber in einer Welt, in der Sünder zwangsläufig verurteilt wurden, war die Offenheit, mit der Jesus ihnen begegnete, unwiderstehlich. Beziehung führte zu Buße, Bekehrung erblühte in Gemeinschaft. In der engen kleinen Welt des alten Palästina, in der religiöse Deutungen sich durch die gesamte gesellschaftliche Ordnung zogen, war das ein kraftvolles Zeichen.*[5]

„Bekehrung erblühte in Gemeinschaft" – was für eine schöne Formulierung. Genau das lässt sich beobachten, als Jesus den Zolleinnehmer Zachäus zum Essen besucht (Lk 19,1-10). Seine Gemeinschaft mit dem sündigen Zolleintreiber führt zu Bekenntnis und Umkehr. Genauso sollten wir offen dafür sein, uns regelmäßig mit Sündern zum Essen zu treffen – als eine missionale Übung.

Ich erinnere mich an ein Gespräch mit einem Pastor der Südlichen Baptisten der USA in Portland. Er erzählte, sein Nachbar sei überzeugt, die besten Margaritas in ganz Oregon zu mixen, und veranstalte in seiner Garage regelmäßig Margarita-und-Poker-Abende. Alle Männer aus der Nachbarschaft kamen, nur der Baptistenpastor nahm die Einladung nie an, weil er meinte, auf diese Weise aufrecht seinen Glauben zu bezeugen. Als ich davon hörte, fragte ich den Pastor, wie oft sein Nachbar ihn schon nach seinem Glauben an Jesus gefragt habe.

„Nie", antwortete er.

Ich fragte, wie häufig er seinem Margarita mixenden Nachbarn überhaupt irgendetwas über den Glauben erzählt habe. Dieselbe Antwort: „Nie." Das heißt folglich: Wenn ein Baptist die Einladung zu einem Margarita-und-Poker-Abend ablehnt, ist das nicht „fragwürdig". Nichts anderes würde man erwarten.

Ich ermutigte diesen Pastor, die nächste Einladung anzunehmen und er ließ sich darauf ein. Sein Nachbar fiel aus allen Wolken. Der Baptistenpastor gesellte sich zu den Männern in der Garage und gemäß seiner Überzeugung hielt er sich an alkoholfreie Getränke. Niemanden kümmerte es. Am Ende hatte er mehr Gespräche über den Glauben geführt als all die Jahre zuvor.

Der Baptistenpastor auf der Margaritaparty war eine Überraschung. Sie weckte Fragen.

Alles, wozu ich – vorerst – ermutige, ist: mit drei Menschen gemeinsam zu essen, von denen mindestens einer kein Kirchgänger ist. Sie werden aber feststellen, dass Ihre Gastfreundschaft erwidert wird. Sie werden Gegeneinladungen bekommen. Und wenn das passiert, erleben Sie echte missionale Zugkraft.

Urteilen Sie nicht über den Lebensstil oder die Ess- (oder Trink-) Gewohnheiten Ihres Gastgebers. Betrachten Sie die Gelegenheit als Goldmine für den Bau einer missionalen Beziehung. Verlieren Sie das gute Ziel der Bekehrung nicht aus den Augen, aber folgen Sie dabei dem Jesusmodell: Erst Gemeinschaft und dann zusehen, was daraus erblüht.

→ ***Segnen Sie in dieser Woche drei Personen, von denen mindestens eine nicht zu Ihrer Gemeinde gehört.***

→ ***Treffen Sie sich mit drei Personen zum Essen, von denen mindestens eine nicht zur Ihrer Gemeinde gehört.***

5. GOTT HÖREN: DIE DRITTE GEWOHNHEIT

Ich werde mir in dieser Woche mindestens einmal Zeit nehmen, um auf die Stimme des Heiligen Geistes zu hören.

Die dritte Gewohnheit, zu der ich Sie ermutige, ist auf die Stimme des Heiligen Geistes zu hören. Ich schlage vor, Sie planen mindestens einmal eine feste Zeit ein – vorzugsweise gegen Anfang der Woche –, in der Sie innehalten und Raum schaffen für Gemeinschaft mit Gott.

Viele empfinden das Hören auf den Heiligen Geist wie Radiohören in einem vollen Café. Man kann die Stimme der Moderatorin zwar hören, aber man muss das Stimmengewirr der anderen Gäste ausblenden, um zu verstehen, was sie sagt. So ähnlich ist das, wenn man versucht, auf den Heiligen Geist zu hören, gleichzeitig aber zu viele Menschen oder sonstigen Geräusche dazwischenfunken. Wir müssen alles und jeden „ausschalten".

Wir wissen, dass der Heilige Geist unser Begleiter und unsere Kraftquelle ist, und für Missionare ist der Geist eine unerschöpfliche Quelle an Weisheit. Wie sollten wir unseren Weg durch diese Welt finden, wie sollten wir es schaffen, mit Leuten, die nicht glauben, gemeinsam zu essen und sie zu segnen, wenn uns die Stimme des Heiligen Geistes nicht abhält, sündig zu handeln?

Wenn ich sage „sündig zu handeln" meine ich damit gar nicht unbedingt, sich zu besaufen oder mit der Frau des Nachbarn abzuhauen (wobei wir natürlich selbst gegen solche Entscheidungen nie immun sind). Ich meine weitaus weniger dramatische, aber umso verbreitetere Sünden wie Angst und Faulheit.

Angst und Faulheit sind Missionskiller. Die Angst vor Verfolgung, die Angst aufzufallen oder Ärger zu erregen, die Angst, schwierige Fragen beantworten zu müssen – Angst kann missionarisches Engagement verhindern. Ähnlich die Faulheit: Ich meine nicht die Sorte Faulheit, bei der Sie auf dem Sofa liegen, Chips essen und im Fernsehen Fußball gucken. Ich meine die innere Stimme, die uns einflüstert, wir bräuchten uns nicht zu anderen aufzumachen, bräuchten nicht anzubieten, anderen zu dienen. Die Faulheit redet uns ein, wir hätten keine Zeit und müssten uns zuallererst um uns selbst kümmern.

Angst und Faulheit lassen uns mit Dutzenden von Ausreden um die Ecke kommen, warum wir nicht offen für andere sein können oder sollen. Es ist die Stimme des Heiligen Geistes, die etwas dagegensetzt und uns hilft, unseren falschen Impulsen zu widerstehen.

Meine Erfahrung ist: Wenn ich mit Leuten aus meinem Umfeld zusammen bin, muss ich mein Herz für den Heiligen Geist öffnen, damit ich Wahrheit von Unwahrheit, Fakten von Fiktion und Rühmliches von Unrühmlichem unterscheiden kann. Es ist gar nicht so leicht herauszufinden, wie wir in Gesellschaft anderer eine spannende, geistlich gesinnte Persönlichkeit sein können, die Menschen segnet. Wenn ich Sie ermutige, andere zu segnen und sich mit ihnen zum Essen zu treffen, wäre ich verantwortungslos, wenn ich Sie nicht gleichzeitig auch dazu ermutigen würde, auf die Stimme des Heiligen Geistes zu hören.

In seinem Buch „Satisfy Your Soul“, schreibt Bruce Demarest:

> *Unser Herz zur Ruhe kommen zu lassen ist unsere beste Vorbereitung für Gottes Handeln. (...) Meditation lenkt unseren Blick weg von uns und von der Welt. Wir können über Gottes Wort, sein Wesen, seine Möglichkeiten und sein Wirken nachdenken. (...) Wir reflektieren im Gebet die Worte der Bibel, wir sinnen über sie nach und „kauen“ sie durch. (...) Das Ziel ist einfach, dem Heiligen Geist zu erlauben, Gottes Leben spendendes Wort wirken zu lassen.*[1]

Die meisten, die ihr Herz für Gott, für den Heiligen Geist öffnen und sich ihm zuwenden wollen, übernehmen das Reden und lassen ihm gar keine Zeit zum Antworten. Wir müssen lernen zuzuhören. Wir müssen lernen, wie wir den Heiligen Geist sprechen lassen. Was wir als Missionare lernen müssen, finden wir nicht allein in Büchern, sondern manches Wissen, wie wir die Fragen von Menschen beantworten und mit ihren Herausforderungen umgehen sollen, schenkt uns der Heilige Geist.

Begeisterte Extrovertierte frohlocken bei der Vorstellung, andere zu segnen und mit ihnen gemeinsam zu essen. Die bewusste Einübung von Einsamkeit und Stille, die zu der Gewohnheit, Gottes Gegenwart zu suchen, dazugehört, klingt für sie dagegen sehr herausfordernd. Ich verstehe das. Es ist nicht nur so, dass extrovertierte Menschen Schwierigkeiten mit Stille haben, häufig ist die evangelikale Kultur vieler unserer Gemeinden auch geprägt von der Hektik und vom Aktivismus unserer Zeit, die uns glauben lässt, Mission bedeute immer, irgendwas zu „tun". Aber wir müssen die Warnung von Dietrich Bonhoeffer ernst nehmen: „Wer nicht allein sein kann, der hüte sich vor Gemeinschaft."[2] Er wird nicht nur sich selbst, sondern auch der Gemeinschaft schaden. Wenn Sie feststellen, dass Sie nicht allein sein können, bedeutet das, dass Sie Gemeinschaft *brauchen*. Und wenn wir Gemeinschaft brauchen, kann das heißen, dass wir die Gemeinschaft dafür *benutzen*, unsere eigenen Bedürfnisse zu stillen.

Unser Vorhaben, großzügig und gastfreundlich zu sein, muss bewusst genährt und gestärkt werden durch die Einübung von Einsamkeit, Stille und Gebet. Wir müssen lernen, auf Gottes Stimme zu hören, weil er uns als Missionare formt und unser Herz mit der Liebe für diejenigen füllt, zu denen er uns sendet. Thomas Merton schrieb einmal: „In der Einsamkeit und Stille finde ich die Freundlichkeit, mit der ich meine Brüder (und Schwestern) wirklich lieben kann. (...) Einsamkeit und Stille lehren mich, meine Brüder zu lieben um dessentwillen, was sie sind, nicht um dessentwillen, was sie sagen."[3] Wenn wir nicht jede Woche wenigstens einmal nennenswert Zeit in der Gegenwart unseres Gottes verbringen können, stehen wir in der Gefahr, auf unsere gehetzten, gestressten und rastlosen Nachbarn auch nicht anders als sie zu wirken.

Diese dritte Gewohnheit nährt und versorgt uns für unseren missionalen Lebensstil und zieht uns zur Rechenschaft. Joshua und Roy Searle von der Northumbria Community in Nordengland schreiben:

> *Wenn wir Gastfreundschaft als missionales Gebot verstehen, dann erfordert unser Mitwirken an der* ***Missio Dei****, dass wir uns an geistliche Disziplinen wie Einsamkeit, Stille und Gebet halten. Sie stärken unsere Verpflichtung zur Gastfreundschaft und verleihen unseren evangelistischen und missionalen Bemühungen Substanz und Echtheit.*[4]

Für alle, die sich der Herausforderung von Stille und Einsamkeit als einer missionalen Gewohnheit stellen wollen, hier ein paar Hinweise, wie man sich für das Wirken des Heiligen Geistes öffnen kann.

EINE FESTE ZEIT EINPLANEN

Versuchen Sie nicht, zwischen Tür und Angel mit Gott, bzw. dem Heiligen Geist, in Beziehung zu treten. Planen Sie jede Woche eine feste Zeit ein. Ich rede hier nur von einmal in der Woche (wenn Sie sich öfter Zeit nehmen wollen, herzlich willkommen!). Betrachten Sie es als wertvolle Zeit: nur Sie und Gott. Tragen Sie sich den Termin in Ihren Kalender ein. Sagen Sie anderen, dass montagabends oder samstagmorgens – oder wann immer Sie wollen – Ihre Zeit der Stille ist.

VERMEIDEN SIE ABLENKUNGEN

Wenn Sie ungeübt darin sind, auf den Heiligen Geist zu hören, sollten Sie möglichst alles ausschalten, was auf Ihre Sinne – Fühlen, Sehen, Riechen, Schmecken, Hören – einwirkt. Musik, Geräusche in der Ferne, das Ticken einer Uhr, Stimmen von Menschen, das leichte Wehen des Windes, selbst die geschriebenen Worte in einem Andachtsbuch – alles kann uns irritieren und unsere Aufmerksamkeit auf etwas lenken, das unsere Ohren oder unsere anderen Sinne wahrnehmen. Je ruhiger es im Zimmer und in der Umgebung ist, desto förderlicher für das Hören auf den Heiligen Geist. Schließlich hat auch Jesus gelehrt: „Wenn du betest, geh an einen Ort, wo du allein bist, schließ die Tür hinter dir und bete in der Stille ..." (Mt 6,6 Hfa). Suchen Sie sich eine bequeme Sitzposition und nehmen Sie die Haltung ein, die für Ihre geistliche Konzentration am hilfreichsten ist. Die Hände zu falten, die Handinnenflächen aneinanderzulegen oder sich auf die Hände zu setzen, kann helfen, sie weniger wahrzunehmen. In einem dunklen oder halbdunklen Zimmer zu sitzen und die Augen zu schließen, hilft dabei, jede visuelle Ablenkung zu vermeiden. Wenn möglich, nehmen Sie sich vor, 20 Minuten oder länger sitzenzubleiben. Häufig passiert etwas nach zehn oder 15 Minuten in der Stille – wenn Sie zu früh aufhören, verpassen Sie es. Wenn Sie alle Ablenkungen ausgeräumt haben, sind Sie bereit hinzuhören.

GOTT HEREINLASSEN

Beginnen Sie Ihre Meditation nicht damit, dem Heiligen Geist Fragen zu stellen oder ihm zu sagen, was Sie sich wünschen. Das weiß er schon. Beginnen Sie damit, sich einfach an Gottes Gegenwart zu erfreuen. Bleiben Sie ruhig sitzen und lassen Sie sich von Gottes Geist in Besitz nehmen. Der Teufel wird vermutlich versuchen, Sie zu stören, indem er Sie an Ihre Sünden erinnert und Ihnen einredet, Sie wären unwürdig. Sie dürfen sich immer ins Gedächtnis rufen, dass Gott Sie liebt, weil er Sie geschaffen hat. Vielleicht ist Ihnen sehr wohl bewusst, wie unwürdig Sie tatsächlich sind, aber der Heilige Geist sehnt sich danach, in Ihrem Herzen zu wohnen – dem Tempel, den er sich erschaffen hat. In solchen Zeiten erinnere ich mich an die Worte von Thérèse von Lisieux: „Wenn du bereit bist, die Prüfung auf dich zu nehmen, dir selbst zu missfallen, wirst du für Jesus ein angenehmer Zufluchtsort sein."[5]

Wenn Sie ein ergebnisorientierter Mensch sind, werden Sie gleich zur Sache kommen wollen und den Heiligen Geist bitten, Ihnen Wissen oder Weisheit oder Mut oder Integrität zu schenken oder was immer Sie in Ihrer gegenwärtigen Situation brauchen. Aber bevor Sie dahin kommen – verweilen Sie in seiner Gegenwart. Lassen Sie sich von seiner Liebe umspülen.

Mit einem Gebet der Sammlung können Sie zur Konzentration finden. Manche sprechen dafür das alte christliche Gebetswort *Maranatha* („Unser Herr, komm"). Andere beten das sogenannte Jesusgebet nach Lukas 18,13: „Herr Jesus Christus, Sohn Gottes, hab Erbarmen mit mir, einem Sünder." Für das Gebet der Sammlung sind auch Worte verbreitet wie *Amen, Abba, Gnade, Liebe, Loslassen, Stille* oder *Jesus.* Wählen Sie sich eines davon aus, wenn es Ihnen hilft, aber seien Sie sich im Klaren darüber, dass es sich hierbei nicht etwa um ein Mantra handelt. Sie müssen es nicht singen. Es ist ein Gebet. Es langsam und behutsam zu wiederholen, kann Ihnen helfen, sich dafür zu öffnen, Gott zu hören. Auf diese Weise können Sie Abstand gewinnen von den rastlosen Gedanken und Ihrer üblichen inneren Unruhe. Thomas Merton schrieb: „Das Gebet des Herzens muss immer ganz einfach sein, beschränkt auf das Einfachste."[6]

Das Gebet der Sammlung unterscheidet sich von der klassischen Meditation östlicher Religionen. Dort versucht man, den Geist zu leeren, indem man Gedanken beiseiteschiebt oder gar keine zulässt. Phil Fox Rose, der selbst viel Erfahrung hat mit christlicher Kontemplation, beschreibt den Schlüssel für das Gebet der Sammlung so: „Sträube dich gegen keinen Gedanken, halte keinen Gedanken fest, reagiere auf keinen Gedanken."[7] Die meisten von uns können ohnehin nicht aufhören zu denken. Durch unseren Kopf wirbeln ständig Worte. Wenn wir uns vornähmen, nicht denken zu wollen, wären wir am Ende nur entmutigt. Rose schreibt weiter: „Im Gebet der Sammlung lassen wir die Gedanken zu, aber wir wenden uns ihnen nicht zu." Nach einer Weile im Gebet der Sammlung werden Sie feststellen, dass Ihre Gedanken ruhiger werden, dass Sie sich stärker Ihrem Ziel der Anbetung zuwenden und sich mehr vom Heiligen Geist formen lassen. Mit der Zeit werden Sie lernen zu erkennen, welche Gedanken Gottes Gedanken sind.

Auf den Heiligen Geist zu hören kann für Sie – so wie ich es selbst auch erlebt habe – zu einer Quelle des Trostes werden, zu einer Quelle tiefen Friedens, einer Quelle aktueller Antworten auf Schwierigkeiten. Auf Gott zu hören kann eine der höchsten Formen des Gebets sein.

GOTTES FÜHRUNG FOLGEN

Vielleicht ruft Ihnen der Heilige Geist den Namen oder das Gesicht einer Person vor Augen, die Sie segnen oder mit der Sie gemeinsam essen wollen (deshalb könnte es hilfreich sein, die Woche mit dieser Übung zu beginnen). Vielleicht fordert der Heilige Geist Sie auf, mit jemandem Kontakt aufzunehmen, den Sie letzte Woche gesegnet haben, oder er erinnert Sie an etwas, das Sie jemandem sagen sollten, aber vergessen haben. Sie werden im Herzen seine Gegenwart spüren. Diese Gegenwart wird Ihren Arm stärken, sie wird Ihre Seele Sauerstoff atmen lassen und Sie werden mit seiner Belohnung erfüllt werden: mit Liebe, Freude, Friede – oder einer anderen Frucht des Geistes.

In Römer 8 erklärt Paulus den klaren Unterschied zwischen denen, deren Leben auf das ausgerichtet ist, was „das Fleisch" oder „die eigene Natur" will, und denen, die „sich vom Geist Gottes bestimmen" lassen (V. 5). Manche haben diesen Vers fälschlicherweise in einer übermäßig dualistischen Weise ausgelegt (Fleisch ist schlecht, Geist ist gut). Ich verstehe Paulus hier so, dass er das Weltbild meint, nach dem der Gläubige lebt. Wenn wir uns nur von unserem Verlangen beherrschen lassen, wird uns das in ungute Richtungen führen. Wenn wir dagegen dem Heiligen Geist erlauben, uns zu führen, werden wir frei sein, unser Verlangen in erlöster, jesusgemäßer Weise zu stillen.

Das heißt, Missionare müssen wirklich wissen, wie sie ihr Verlangen beherrschen können, indem sie ihre Gedanken auf den Willen des Heiligen Geistes ausrichten. Um darauf zurückzukommen, was ich oben über das gemeinsame Essen mit Ungläubigen schrieb (das entscheidend wichtig ist für Missionare), müssen wir uns vom Heiligen Geist führen lassen, ein geistliches Vorbild zu sein, das Neugier und Interesse an unserem Glauben weckt. Wenn wir wie alle anderen saufen und lästern, wird das niemanden neugierig machen. Wenn wir gemeinsam essen und trinken und sie im Sinne des Heiligen Geistes segnen, wird sie das überraschen.

Viele, die missional leben wollen, empfinden es als Schwierigkeit, eine gute Balance zu finden: weder distanziert und ablehnend zu sein noch sich vollkommen an das – möglicherweise gottlose – soziale Umfeld anzupassen.

Alkohol	Ablehnung
Tratsch	Pharisäertum
Maßlosigkeit	Scheinheiligkeit

Die Extreme im missionalen Leben:
einerseits Anpassung, andererseits Distanz.

Wer als Christ wirklich missional leben will, wird an keinem Ende des Spektrums glücklich werden. Aber die „Regeln" sind an den jeweiligen Enden viel einfacher. Wir wissen, wie ein totaler Rückzug aus dem sozialen Umfeld von Nichtchristen aussieht. Wir wissen, wie es ist, unsere gesamte Freizeit mit anderen Christen zu verbringen. Ähnlich einfach ist es, mit dem Strom zu schwimmen, sich dem Umfeld anzupassen und sich gar nicht mehr davon zu unterscheiden. Völlige Distanz und völlige Anpassung sind eindeutig. Weitaus schwieriger ist es, eine Balance zu finden oder die Spannung zu halten zwischen Distanz und Anpassung.

Den Weg der Mitte zu finden, nämlich auf geistliche, anziehende, unternehmungslustige, fröhliche Weise am Leben anderer teilzunehmen, ist schwer. Ich glaube nicht, dass wir selbst klug genug wären, um diese Balance zu halten. Hier kommt die missionale Stimme des Heiligen Geistes ins Spiel. Seine Führung hilft uns, eine gute Haltung zu finden. Der Heilige Geist ermahnt uns, wenn wir zu nahe an ein Ende des Spektrums geraten, und hilft uns, unser Leben so zu gestalten, dass wir mit Menschen Beziehungen leben, die Jesus fern sind, und zugleich ihre Neugier über unseren Glauben wecken können.

Und wenn wir in unserem wöchentlichen Rhythmus vertrauter mit dem Hören auf den Heiligen Geist werden, werden wir auch in anderen Situationen eher in der Lage sein, den Heiligen Geist wahrzunehmen: wenn wir unsere Nachbarn und Bekannten treffen, wenn wir sie segnen oder gemeinsam mit ihnen essen und wenn wir auf andere Weise Kontakt haben zu den Menschen um uns herum. Deshalb ist das Hören auf den Heiligen Geist eine der fünf Gewohnheiten missionaler Menschen.

→ ***Segnen Sie in dieser Woche drei Personen, von denen mindestens eine nicht zu Ihrer Gemeinde gehört.***

→ ***Treffen Sie sich mit drei Personen zum Essen, von denen mindestens eine nicht zu Ihrer Gemeinde gehört.***

→ ***Nehmen Sie sich in dieser Woche mindestens einmal Zeit, um auf die Stimme des Heiligen Geistes zu hören.***

6. ENTDECKEN: DIE VIERTE GEWOHNHEIT

Ich werde mir in dieser Woche mindestens einmal Zeit nehmen, um von Jesus zu lernen.

Die ersten Christen kannten die Formulierung „Christus lernen" (Eph 4,20), die wir heute nicht mehr benutzen. In den ersten Jahrhunderten der christlichen Bewegung gehörte es zu einer Bekehrung, sich von den heidnischen Göttern loszusagen und sich eine Zeitlang unterweisen zu lassen. Dabei studierte man intensiv die Person Jesus und sein Wirken. Wir täten gut daran, eine ähnliche, reguläre Beschäftigung mit den Evangelien wieder einzuführen.

Aus zwei entscheidenden Gründen lege ich großen Wert darauf, von Jesus zu lernen. Der eine ist der geistliche Gewinn: Wir wachsen näher zu Jesus hin, pflegen die Nähe zu Gott, hören auf die Stimme des Heiligen Geistes und spüren seine Gegenwart durch die Schönheit seines Wortes in unserem Leben. Ebenfalls von geistlichem Wert ist es, zu lernen, was Jesus gelehrt hat, und das eigene Leben mehr und mehr nach seinem Willen auszurichten. Aber es gibt daneben auch noch einen zweiten, eher missionalen Grund, warum ich Sie ermutige, Jesus kennenzulernen: Wir müssen ihn kennen, wenn wir von ihm als Grund unserer Hoffnung erzählen wollen.

Wenn wir ein hinterfragenswertes Leben führen, kreuzen sich die geistlichen und missionalen Ziele für das Studium der Evangelien. Ich glaube, wenn wir in die Welt gesandt sind, um ein faszinierendes Leben zu führen, Neugier zu wecken und die Fragen von Menschen über die Hoffnung, die in uns ist, zu beantworten, müssen wir besser wissen, was Jesus in einer Situation tun oder sagen würde. Und das ist ohne ein fundiertes und unablässiges Studium der Jesusbiographien derer, die ihn am besten kannten, ohne ein Studium der Evangelien, nicht möglich.

Zusammen mit Alan Hirsch habe ich vor einigen Jahren ein Buch darüber geschrieben. Unser Anliegen in „Der wilde Messias“ war, dass die Kirche wieder neu in die Evangelien eintauchen muss. Sie muss förmlich baden im Wirken und in den Worten von Jesus. Wir folgen darin der Argumentation von C.S. Lewis, der schrieb:

> *Genauso existiert die Kirche für nichts anderes als dafür, dass Menschen in Christus hineingezogen und zu kleinen Christussen gemacht werden. Wenn sie das nicht tut, dann sind alle Kathedralen, Pfarrer, Missionswerke, Predigten und sogar die Bibel selbst reine Zeitverschwendung. Gott wurde aus keinem anderen Grund Mensch. Vielleicht wurde ja sogar das ganze Universum zu keinem anderen Zweck erschaffen als diesem. In der Bibel heißt es, die ganze Welt sei für Christus geschaffen worden und in ihm würde einmal alles zusammengefasst.*[1]

Manche Leser werden sich an Lewis’ Formulierung stören, dass wir „kleine Christusse“ werden, aber er hat damit keine Gotteslästerung im Sinn. Er wirbt für die Beschäftigung mit dem Leben und der Lehre von Jesus, damit seine Nachfolger ihm nacheifern. Natürlich können wir Jesus weder in seinem Heil bringenden Tod und seiner Auferstehung nacheifern noch in seinen Wundern oder seinem Urteil über die Ungerechten. Wir können uns aber einem Studium und einer Beschäftigung mit der Person und dem Wirken von Jesus widmen und so lernen, wie wir als sündige Menschen verschiedene Punkte seines Seins und Tuns nachahmen können. Wir können beispielsweise nicht wie Jesus für andere sterben, aber wir können uns sehr wohl aufopferungsvoll anbieten, anderen zu dienen. Von Jesus zu lernen hilft uns, Jesus besser zu verstehen. Es gibt uns die Werkzeuge an die Hand, um mit unserem Leben seinem Vorbild nachzueifern.

Ich will damit nicht sagen, wir sollten in den Evangelien nur nach der Antwort suchen auf die Frage: „Was würde Jesus tun?“ Wir müssen die gesamte Bibel studieren und dazu gehört auch, die Evangelien in ihrem gesamten biblischen Kontext zu verstehen. Ich stimme dem Theologen John Stackhouse zu, wenn er schreibt:

> *„Was hat Jesus gesagt?" ... ist die falsche Frage für das christliche Denken, genau wie „Was würde Jesus tun?" die falsche Frage für die christliche Ethik ist. Die richtige Frage lautet: „Was würde Jesus wollen, dass ich oder wir hier und heute denken, sind und tun?"*[2]

Meine Befürchtung ist, dass viele Christen nur ein vages Verständnis von den Evangelien haben (ich nenne das die „Greatest Hits von Jesus": Sie wissen von seiner Geburt, seinem Tod, seiner Auferstehung, ein paar Wundern und ein paar Gleichnissen). Wenn wir begreifen wollen, was Jesus von uns will, was wir also hier und heute denken, sein und tun sollen, müssen wir die Evangelien vorwärts und rückwärts kennen.

BEDEUTET DAS „INKARNATORISCHE" MISSION?

Vielleicht haben Sie schon einmal gehört, die Kirche müsse Mission auf *inkarnatorische* Weise betreiben. Sie haben sich vielleicht gefragt, was genau das heißen soll. Der Begriff Mission (vom lateinischen Wort *missio*) bedeutet „gesandt" oder „hinausgeschickt sein". Viele Gemeinden begreifen mittlerweile den Gedanken, dass wir, um *missional* zu sein, mit der Guten Nachricht zu den Menschen rausgehen müssen, statt nur darauf zu warten, dass sie zu uns kommen. Aber der Begriff *inkarnatorisch* weist noch auf eine weitere Dimension von Mission hin. Er beschreibt, dass wir nicht nur hinausgehen, sondern uns auch der Schwierigkeit stellen sollen, mit anderen in die Tiefe zu gehen. So wie Gott „Fleisch wurde" und in Jesus bei den Menschen wohnte, so sind seine Nachfolger dazu berufen, unter denjenigen zu wohnen, zu denen sie gesandt sind. Der Missiologe Ross Langmed beschreibt das folgendermaßen:

> *Als inkarnatorisch kann man Mission auf dreierlei Weisen verstehen: 1. gestaltet wie die Inkarnation, 2. befähigt durch die anhaltende Kraft der Inkarnation und 3. als Teil von Gottes andauernder inkarnatorischen Mission.*[3]

Wenn ich also dazu herausfordere, ein inkarnatorisches Leben zu führen, meine ich damit, das Leben an der Inkarnation (Gottes Fleischwerdung) auszurichten. Wie könnten wir das tun – ohne uns fleißig mit dem Leben und Wirken von Jesus und seinen Lehren auseinanderzusetzen? Wie wollen wir wirklich Teil unseres Umfelds werden, in das Gott uns gesandt hat – und damit nach dem Vorbild Jesu leben? Wie wollen wir herausfinden, was Jesus in jedem Moment des Lebens tun würde („Würde Jesus sonntags die Super-Bowl-Party besuchen?" „Würde er über den Witz des Kollegen lachen?" „Würde er der Meinung des Nachbarn widersprechen?"), ohne dass wir uns angewöhnen, regelmäßig die Evangelien zu lesen?

Sich nur einmal Zeit zu nehmen, um von Jesus zu lernen, ist kein großes Opfer. Aber ich beeile mich hinzuzufügen, dass Sie Ihre andere Bibellese, wie auch immer Sie die halten, nicht aufgeben sollten. Es wäre falsch zu behaupten, die Evangelien wären die einzigen biblischen Texte, die es wert sind, gründlich gelesen zu werden. John Stackhouse warnt davor, die Evangelien dem Rest der Bibel vorzuziehen. Er nennt vier Gründe, weshalb wir die Evangelien sehr wohl gründlich lesen sollten – immer aber im Kontext der restlichen Bibel. Ich gebe diese Gründe mit meinen eigenen Worten wieder:

1. Selbst wenn die Evangelien im Neuen Testament am Anfang stehen, sind sie nicht die ältesten Dokumente über Jesus. Paulus' erste Briefe sind noch älter als die vier Evangelien. Wenn wir nur an den frühesten Aufzeichnungen interessiert sind, haben Paulus' Schriften eine noch höhere Priorität.
2. Wir sollten nicht nur die ältesten Quellen bevorzugen, denn die gesamte Schrift ist Gottes Wort.
3. Den Evangelien Vorrang einzuräumen, wäre sinnvoll, wenn wir davon ausgingen, dass Jesus sie selbst geschrieben hätte. Das hat er aber natürlich nicht.
4. Jesus ist Teil des dreieinigen Gottes und damit Autor der gesamten Bibel – nicht nur der Evangelien.[4]

Stackhouse schließt mit dieser majestätischen Aussage:

Die Geschichte von Jesus ist zwar der Schlüssel zur Menschheitsgeschichte; die Evangelien dem Rest des Neuen Testaments vorzuziehen, hieße jedoch auszublenden, dass Jesus Herr über die gesamte Geschichte ist: Jesus ist das Haupt der Gemeinde, die auf sein Wirken auf der Erde folgte, und durch die Inspiration des Heiligen Geistes ist Jesus tatsächlich Autor des gesamten Neuen Testaments – genauso wie er der Gott ist, der die gesamte Bibel inspiriert hat.[5]

Dem schließe ich mich an. Wenn ich Sie also ermutige, sich jede Woche mindestens einmal Zeit zu nehmen, um in den Evangelien zu lesen, meine ich damit nicht, dass Sie das losgelöst von Ihrer umfassenderen Bibellese tun sollen. Ich gehe davon aus, dass Ihre Gemeinde regelmäßige Bibelstudiengruppen mit vorgegebenen Texten organisiert. Bleiben Sie dabei. Vielleicht verwenden Sie ein persönliches Andachtsbuch mit täglichen Auslegungen aus der gesamten Bibel. Lesen Sie auch das weiterhin. Ich will Sie ermutigen, die frühesten Biographien von Jesus zusätzlich zu lesen, damit Sie die Fragen besser beantworten können, die Menschen über ihn stellen, und damit Sie Ihr Leben immer besser an der Inkarnation ausrichten können.

Ich will Ihnen drei Ideen vorschlagen, wie Sie diese Zeiten füllen können:

1. STUDIEREN SIE DIE EVANGELIEN. Lesen Sie die vier Evangelien des biblischen Kanons einmal, zweimal, dreimal. Ich weiß, was Sie denken: Das haben Sie bereits mehrfach getan. Ich ermutige Sie trotzdem, sich anzugewöhnen, Ihre Gedanken und Ihre Seele in den vier Evangelien zu baden.

   Vielleicht wollen Sie immer mal die Art und Weise verändern, wie Sie die Bibel lesen. Überlegen Sie, ob Sie ein Evangelium mal an einem Stück lesen wollen. Markus zu lesen, dauert ungefähr neunzig Minuten, Johannes etwa zwei Stunden und Matthäus und Lukas hat man in zweieinhalb Stunden durchgelesen. Sie am Stück zu lesen, hilft, die Bandbreite ihrer Themen und ihren Sprachrhythmus zu erfassen.

Natürlich können Sie die Evangelien auch abschnittsweise lesen oder mithilfe von Kommentaren oder Andachtsbüchern. Mir ist nur wichtig, dass Sie die Gewohnheit einüben, regelmäßig durch die Bibel mit Jesus in Beziehung zu treten.

2. LESEN SIE BÜCHER ÜBER JESUS. Es gibt so viele sowohl wissenschaftliche als auch für Laien geschriebene Bücher über Jesus, dass die Auswahl schwerfällt. Ich habe selbst zwei geschrieben: In „Jesus the Fool" geht es darum, wie Jesus unser normales Denken neu bewertet[6]; „Der wilde Messias"[7], das Buch, das ich zusammen mit Alan Hirsch geschrieben habe, handelt davon, dass die Kirche Jesus und seine Botschaft wieder neu entdecken muss und wendet sich an Leiter in Gemeinden. Sehr empfehlen würde ich auch wissenschaftliche Bücher wie „The Challenge of Jesus" von N. T. Wright, „Jesus According to Scripture" von Darrell Bock, „Jesus and the Gospels" von Craig Blomberg und alles über Jesus von Ben Witherington. Mehr für Laien geschrieben ist „Jesus: seine Geschichte – unsere Geschichte" von Tim Keller[8] (weitere gute Bücher: siehe Anhang).

   Vielleicht will Ihre Gemeinde sogar überlegen, ob sie eine Materialsammlung anlegt mit Kapiteln aus guten Büchern, Artikeln und Blogeinträgen, um zu fördern, dass die Gemeinde mehr von Jesus lernt.

3. WEITER BLICKEN. Warum nicht auch eine Mediathek aus Verfilmungen der Evangelien anschaffen? Da keine filmische Darstellung des Lebens Jesu ihm allein gerecht wird, finde ich es hilfreich, mehrere Filme zu sehen, um ein besseres Gefühl dafür zu bekommen, was die Evangelien wirklich lehren. Zwei Filme – „Godspell" und „Jesus von Montreal" – sind genaugenommen gar keine Filme über Jesus selbst, aber sie fangen schön die verschiedenen Aspekte seines Wesens und Handelns ein. Und lassen Sie sich auch nicht den charmanten Stop-Motion-Film „Der Mann der 1000 Wunder" aus dem Jahr 2000 entgehen, in dem die Alltagserlebnisse von Jesus mithilfe von Puppen dargestellt werden und die Gleichnisse, Erinnerungen und

geistlichen Begegnungen in klassischem Zeichentrick. Sehr klug gemacht. Im Anhang führe ich noch weitere meiner Lieblingsfilme auf. Und wenn Sie von den eher düsteren Filmen auf meiner Liste nicht alle mögen, finden Sie online viele weitere.

Vielleicht ist Ihnen mein Hinweis aufgefallen, dass wir unsere Gedanken und Seele in den Geschichten von Jesus *baden* müssen. Das ist nicht nur eine originelle Formulierung. Ich meine das so. Wenn wir die Bibel und theologische Bücher lesen und selbst wenn wir Filme sehen (egal wie begrenzt ihre Perspektive auch sein mag), richten wir unser Leben langsam aber sicher an den Prinzipien von Jesus aus und werden immer tiefer mit seiner Geschichte vertraut, sodass wir sie weitererzählen können, wann immer uns jemand nach der Hoffnung fragt, die in uns ist.

WIE SURFER VON KELLY SLATER REDEN

Wenn Menschen ihre Gedanken in den Evangelien baden, geschieht etwas Geniales: Sie beginnen über Jesus zu reden, als wäre er ihr Held, ihr Freund, ihr König. Vor einigen Jahren sprach ich in Australien auf der Konferenz einer großartigen Organisation namens Christian Surfers, die Jesus jungen Surfern näherbringen will. Sie haben Ableger in Küstenstädten und Vororten auf der ganzen Welt. Diese Konferenz richtete sich an ihre Mitarbeiter in Australien. In einer Einheit fragte ich die Teilnehmer – allesamt Hardcore-Surf-Enthusiasten – wer ihr Lieblingssurfer aller Zeiten sei. Fragt man in einem Saal voller leidenschaftlicher Surfer nach ihrem Surferhelden, brodelt die Hütte. Ich hörte etliche verschiedene Namen, am häufigsten aber wurde der eines Surfers aus Florida gerufen: Kelly Slater.

Das überraschte mich nicht. Slater hält den Rekord von elf Weltmeistertiteln, fünf davon errang er in den Jahren 1994 bis 1998 direkt hintereinander. Er war – mit 20 Jahren –sowohl der jüngste als auch – mit 39 Jahren – der älteste Surfweltmeister.

„Okay, okay“, rief ich der erregten Meute zu. „Nehmen wir Kelly Slater als unser Beispiel. Was wisst ihr über Kelly Slater?“

Diesmal brodelte es nicht nur, der Saal explodierte. Als ich die Surfer bat, mir zu erzählen, was sie über den zweifellos erfolgreichsten Surfer aller Zeiten wussten, rasteten sie förmlich aus! Sie schrien und brüllten mir Fakten aus Slaters Leben entgegen: wo er aufgewachsen ist (Cocoa Beach), welche Bretter er surft (Channel Island Boards), in welchen Jahren er Weltmeister wurde (zu viele, um sie hier zu nennen), mit welchen Models und Filmstars er zusammen war (ebenfalls zu viele) und so weiter und so fort. Ein großer Tumult entstand und es dauerte eine Weile, bis sich alle wieder beruhigt hatten.

Anschließend sprach ich in der Einheit darüber, wie wichtig es ist, dass wir unsere Gedanken in den Evangelien baden, damit wir von Jesus als dem Grund unserer Hoffnung erzählen können. Also fragte ich: „Was wisst ihr über Jesus?“ Die Reaktion fiel völlig anders aus. Nicht, dass sie nichts über Jesus gewusst hätten. Immerhin saßen hier engagierte Evangelisten, die jedes Jahr viele junge Surfer zu Jesus führen. Aber die Reaktion war sehr viel gedämpfter. Langsam und leise erzählten schließlich einige, was sie über Jesus wussten („Er ist Herr.“ „Er starb für unsere Sünden.“ „Er besiegte den Tod.“). Sie formulierten Lehrmeinungen, Glaubensaussagen. Ich fragte sie, warum sie nicht über Jesus genauso redeten wie gerade eben über Kelly Slater. Erneutes Schweigen.

Mir scheint, genau da liegt heute die Herausforderung. Wie gesagt, ich glaube nicht, dass jeder Christ ein Evangelist ist – aber ich glaube, jeder Christ sollte evangelistisch sein. Wenn wir ein hinterfragenswertes Leben führen, sollten Menschen unser ungewöhnliches Verhalten sehen und uns nach unseren Motiven fragen. Und dann sollten wir in der Lage sein, so über Jesus zu reden wie Surfer über Kelly Slater: voller Energie und Enthusiasmus, voller Ehrfurcht und Bewunderung, voller Freude und Staunen.

→ *Segnen Sie in dieser Woche drei Personen, von denen mindestens eine nicht zu Ihrer Gemeinde gehört.*

→ *Treffen Sie sich mit drei Personen zum Essen, von denen mindestens eine nicht zu Ihrer Gemeinde gehört.*

→ *Nehmen Sie sich in dieser Woche mindestens einmal Zeit, um auf die Stimme des Heiligen Geistes zu hören.*

→ *Nehmen Sie sich in dieser Woche mindestens einmal Zeit, um von Jesus zu lernen.*

7. NOTIEREN: DIE FÜNFTE GEWOHNHEIT

Ich werde in der Woche jede Gelegenheit notieren, in der ich andere auf Gottes ewige Herrschaft durch Jesus hinweise.

Die letzte Gewohnheit besteht darin, sich selbst als Missionar – als Gesandte oder Gesandter – zu fühlen, indem wir uns notieren, wie wir andere auf Gottes Herrschaft hinweisen. Sie können täglich Tagebuch führen oder sich am Ende der Woche Zeit nehmen und auf die vergangenen sieben Tage zurückblicken. Erinnern Sie sich, wie Sie Gottes ewige Herrschaft anderen entweder erklärt oder vorgelebt haben und sei es in noch so unscheinbarem Maße.

Oben habe ich schon erwähnt, dass unser Begriff *Mission* auf das lateinische *missio* zurückgeht, das so viel heißt wie „gesandt" oder „geschickt" oder „hinausgeschoben". Früher meinte man mit „Missionar" fast ausschließlich jemanden, der ins Ausland ging, um das Christentum zu verbreiten. Heute beschreiben wir damit auch alle Christen, die versuchen, Gott in ihrem Alltag zu verherrlichen. Wenn unsere Mission ist, andere auf Gottes ewige Herrschaft in Christus hinzuweisen, dann sollten sich alle Gläubigen als Missionare betrachten.

Noch einmal: Das heißt nicht, dass jeder Gläubige eine Evangelistenbegabung hätte. Aber es bedeutet, dass alle Gläubigen ihre Berufung ernst nehmen müssen, anderen Gottes Herrschaft deutlich zu machen. In meinem Buch „The Road to Missional" beschreibe ich unser Leben als einen Trailer oder eine Vorschau auf einen Film, der im Kino laufen wird:

> *Trailer sind ein Vorgeschmack, Kurzversionen des Kinofilms, der bald erscheint. Meistens kommen – je nach Genre – die*

> *besten Spezialeffekte oder die witzigsten Szenen oder die romantischsten Augenblicke schon darin vor. Schauen Sie sich nach einer solchen Vorschau mal im Kino um. Wenn sie gut gemacht ist, dreht sich normalerweise immer jemand zu seinem Nachbarn um und sagt: „Den Film will ich sehen!“*
>
> *Das ist eine gute Metapher für die missionale Gemeinde. Wenn sie alles richtig macht, sehen Menschen das, was sie tut, und sagen anschließend: „Die Welt, aus der sie kommen, will ich sehen!“*[1]

Dem schließen sich unweigerlich ein paar Fragen an: Wie sieht Gottes Herrschaft denn überhaupt aus? Wenn Ihr Leben andere auf seine Herrschaft hinweisen soll – wohin genau weisen Sie denn da eigentlich?

Ich will ein paar Hinweise dazu geben. Ich übernehme sie aus verschiedenen Büchern von N. T. Wright. Ausführlicher gehe ich in meinem Buch „The Road to Missional“[2] darauf ein.

VERSÖHNUNG

Da die Versöhnung zwischen Gott und Mensch der Kern von dem ist, was Jesus am Kreuz getan hat, ist es nur folgerichtig, dass Versöhnung ein zentraler Ausdruck von Gottes Herrschaft sein sollte: die Versöhnung zwischen Gott und Mensch, zwischen Juden und Heiden, Sklaven und Freien, zwischen Schwarzen und Weißen und Asiaten und so weiter. Wir sollen Versöhnung sowohl verkünden (für sie eintreten, einstehen, sie beschreiben, erklären) als auch vorleben (mit anderen versöhnt zusammenleben, Versöhnung stiften).

Bei dieser fünften Gewohnheit ermutige ich Sie, jede Woche die Situationen aufzuschreiben, in denen Sie andere (durch Wort oder Tat) auf den Versöhnungsaspekt von Gottes Herrschaft hingewiesen haben. Vielleicht haben Sie an Ihrer Arbeitsstelle zwischen streitenden Kollegen vermittelt. Oder Sie haben sich mit einem Freund oder Verwandten versöhnt, mit dem Sie zerstritten waren. Vielleicht haben

Sie jemandem die Gute Nachricht erklärt, dass Gott sich selbst durch seinen Sohn Jesus Christus mit uns versöhnt. Je mehr dieser Punkte Sie aufschreiben, desto mehr leben Sie danach.

GERECHTIGKEIT

Es stimmt nicht, wie viele behaupten, dass die Evangelikalen erst seit Kurzem anfangen, sich für soziale Gerechtigkeit zu interessieren. Christen sehen in der Bibel schon lange die Verantwortung, die Würde und das Wohlergehen aller Menschen in den Blick zu nehmen und zu verteidigen, insbesondere das Wohl der Armen und derjenigen ohne Stimme. Darin zeigt sich Gottes Herrschaft sehr deutlich: In seinem Reich hat jeder genug, niemand wird an den Rand gedrängt oder benachteiligt. Christliche Größen wie John Wesley, Lord Shaftesbury, Charles Spurgeon und Charles Finney haben sich für eine bessere Gesellschaft eingesetzt, sei es durch Gefängnis- oder Arbeitsreformen, durch die Abschaffung der Sklaverei oder die Antialkoholbewegung. In jüngerer Zeit haben führende christliche Persönlichkeiten wie Mutter Teresa, Martin Luther King, Desmond Tutu, Dorothy Day, John Stott und Jim Wallis den Einsatz gegen Armut, Krieg, Umweltzerstörung und für Einwanderer gefördert.

Es gibt viele Möglichkeiten, wie wir ausgesandt werden können, um diesen Aspekt von Gottes Herrschaft zu leben: Abschaffung von Zwangsprostitution, Förderung von Produkten aus fairem Handel, Projekte für sauberes Wasser oder viele weitere konkrete Anliegen. Es gibt neue Bewegungen, die Christen ermutigen, Obdachlosigkeit zu bekämpfen und sich für benachteiligte Kinder einzusetzen. Egal, ob Sie einfach für ein solches Anliegen spenden oder eine Online-Petition unterzeichnen oder Ihr Haus für die Armen öffnen: Schreiben Sie auf, in welcher Weise Sie sich in dieser Woche haben senden lassen, um in Ihrem Umfeld für Gerechtigkeit einzustehen.

SCHÖNHEIT

Wenn ich „Schönheit" unter den missionalen Prioritäten aufführe, sind Leute manchmal überrascht. Versöhnung und Gerechtigkeit sind klar. Davon ist in der Bibel häufiger die Rede. Aber Schönheit als Ausdruck von Gottes Herrschaft? Wirklich? Je mehr man darüber nachdenkt, desto mehr leuchtet es ein. Wo sonst fühlen wir uns Gott näher als auf einem Berggipfel oder am Strand oder in der Schönheit der Natur? Bringt Sie eine schöne Kathedrale oder ein schönes Musikstück nicht dem Schöpfer wahrer Schönheit näher?

Vor einigen Jahren rührte mich Musik einmal zu Tränen (dabei war es einfach Musik, nicht einmal „christliche" Musik). Ich erinnere mich noch, dass ich mich fragte, weshalb es Musik überhaupt gibt. Die einzige Begründung, die mir einfiel, war die, dass sie ein Geschenk von Gott an den Menschen ist, an Christen wie Nichtchristen gleichermaßen. Wir können in ihr Gott erkennen, selbst wenn sie von einem frivolen Mozart und nicht von einem geistlichen Wesley komponiert wurde. C. S. Lewis vermutete Ähnliches, als er schrieb:

> *Denn die Bestien können sie [die Schönheit] nicht würdigen und die Engel sind, so vermute ich, reine Intelligenzen. Sie verstehen Farben und Geschmäcker besser als unsere größten Wissenschaftler; aber haben sie eine Netzhaut oder einen Gaumen? Ich schätze, die „Schönheiten der Natur" sind ein Geheimnis, das Gott nur mit uns geteilt hat. Das mag einer der Gründe sein, weshalb wir geschaffen wurden.*[3]

Wenn Schönheit ein Ausdruck von Gottes Herrschaft ist, müssen wir darüber nachdenken, wie wir unsere Freunde dazu einladen können, ihr zu begegnen. Verabreden Sie sich mit ihnen zum Wandern, zum Bergsteigen, zu Spaziergängen am Strand. Begegnungen mit wahrer Schönheit lassen uns unweigerlich an Psalm 8 denken: „Wenn ich (...) das Werk deiner Hände bestaune: (...) Wie klein ist da der Mensch und doch sorgst du für ihn!" Rudolph Otto, ein deutscher Theologe, führte eine Reihe Reaktionen auf, die häufig eine ehrfürchtige Begegnung mit Gott begleiten. Dazu gehören Gefühle der Erhabenheit, der Unnahbarkeit und der Faszination, die gleichermaßen auf Furcht und Anziehung beruht. Er erwähnt auch ein Gefühl, das sich nie angemessen beschreiben, sondern nur erleben lässt: das Gefühl, wichtig genug zu sein, um eingeladen zu werden zu einer Begegnung mit dem Heiligen (wie Otto ihn nennt). Doch in seiner Gegenwart fühlen wir uns dann überwältigt und spüren, wie klein wir sind. Solche Erfahrungen des Transzendenten sind nicht nur beängstigend, sondern auch seltsam tröstlich. Wir brauchen sie.

Doch mehr als nur die Schönheit der Natur zu genießen, sollten wir beginnen, schöne Musik, Kunst, Dinge zu erschaffen, schön zu kochen und andere zum Mitmachen zu bewegen. Finden Sie Wege, wie Sie andere auf Gottes ewige Herrschaft durch Christus hinweisen können, indem Sie seine Schöpfung bestaunen und selbst Schönheit gestalten. Und wenn Sie das tun, notieren Sie es in Ihrem Tagebuch.

HEILUNG

In Lukas 7 schickt der inhaftierte Johannes der Täufer seine Jünger los, um nachzuprüfen, ob Jesus wirklich der Messias ist. Auf ihr Nachfragen zu seiner Identität hin antwortet Jesus etwas Interessantes:

> *Geht zu Johannes und berichtet ihm, was ihr gesehen und gehört habt: Blinde sehen, Lahme gehen, Aussätzige werden geheilt, Taube hören, Tote werden auferweckt und den Armen wird Gottes gute Botschaft verkündet.*
>
> *Lukas 7,22*

Mit anderen Worten: Die „Referenz“, die Jesus auf den Tisch legte, um zu zeigen, dass er wirklich der Messias war, der Gottes ewige Herrschaft brachte, war die Heilung kranker Menschen. Jesus heilte die Blinden, die Gelähmten, die Leprakranken und die Gehörlosen und weckte selbst Tote auf – als Hinweis darauf, dass Gottes Herrschaft in Herrlichkeit hereinbrach. Daher sollte plausibel sein, dass die *Heilung* kranker und zerbrochener Menschen auch heute noch ein wichtiger Beleg für diese Herrschaft ist.

Natürlich setzen sich viele Christen – Ärzte, Pfleger, Psychologen und Seelsorger – für die Gesundheit von Menschen ein. Und sie alle sind ein wichtiger Ausdruck von Gottes Herrschaft. Wenn Christen Nothilfe leisten für die Opfer von Naturkatastrophen, zeigen sie damit, wie Gottes Herrschaft aussieht. Ebenso wenn wir helfen, eine zerbrochene Ehe zu retten. Wenn ein Christ im Gesundheitswesen seine Patienten mit Würde und Freundlichkeit behandelt und ihnen zu körperlicher Gesundheit verhilft, spiegelt sich darin deutlich Gottes Handeln wider. Aber ich will noch weitergehen und dazu ermuntern, auch für die übernatürliche Heilung im Leben von Menschen zu beten. Wenn wir eine solche *übernatürliche* Heilung miterleben, sollten wir es in unserem Tagebuch notieren als Erinnerung für uns selbst, dass unser heilendes Handeln lediglich ein Spiegel für das Wirken des großen Arztes ist.

ABER WOFÜR EIN TAGEBUCH?

Warum möchte ich, dass Sie Ihre Erfahrungen aufschreiben? Anne Broyles drückt es so aus: Wenn wir Tagebuch führen, „wird das, was unser Verstand denkt und unser Herz fühlt, greifbar: in Tinte auf Papier“[4]. Tagebuchschreiben ist mehr als nur eine Art, um Dinge zu durchdenken: Tagebuchschreiben ist eine anerkannte geistliche Disziplin. Es geht mir nicht allein darum, dass Sie Ihre Gedanken festhalten, sondern auch darum, dass Sie benennen, wie Sie Gottes Werk der Gerechtigkeit, Versöhnung, Schönheit und Heilung in dieser Welt widerspiegeln. Dazu gehört mehr, als nur zu schreiben: „Ich habe heute jemandem von Jesus erzählt“ oder „Ich bin heute nett zu einem überforderten Schüler gewesen.“ Das Geschriebene soll Ihnen helfen, die zahllosen Arten und Weisen zu sortieren, wie Sie als Gottes Botschafter in Ihrem Umfeld agieren. Ich ermutige Sie, darüber nachzudenken, inwiefern Ihr Arbeiten, Ihr Kümmern und Ihr Konsum die Prinzipien des Reiches Gottes widerspiegeln.

Tagebuchschreiben hat allein schon einen großen Wert, aber die Gewohnheit der missionalen Notizen ist zudem in folgenden Punkten hilfreich:

EREIGNISSE REFLEKTIEREN. Ihr Handeln in der vergangenen Woche ist nur so wichtig wie die Bedeutung, die Sie ihm zumessen. Wenn Sie nicht innehalten, um Ihr Tun zu reflektieren, kann es sein, dass Sie gar nicht erkennen, dass Sie durch die Heilung ihrer Patienten, das Unterrichten Ihrer Schüler, die Erziehung Ihrer Kinder, das Kochen gesunder Mahlzeiten, das Erschaffen schöner Kunstwerke oder Ihre gute Arbeit Gottes Wirken in der Welt widerspiegeln. Tagebuch zu führen, hilft dabei, unsere Erfahrungen zu sortieren und Sie bewusst einzuordnen. Wir erkennen dadurch, dass alltägliche Gesten der Kreativität, der Sorgfalt, des Dienens und der Freundlichkeit so missional sind wie Evangelisation, Predigt und soziale Gerechtigkeit.

GOTTES WIRKEN VERSTEHEN. Sie haben viel um die Ohren, ich weiß. Das Leben rast dahin und die Wenigsten nehmen sich Zeit, innezuhalten und über das nachzudenken, was uns am meisten bedeutet. Wir erledigen unsere Aufgaben. Wir erfüllen unsere Pflichten. Wir bringen die Kinder ins Bett. Wir versuchen uns fit zu halten. Aber wann halten Sie inne und fragen sich, wo Gott eigentlich in Ihrer Arbeit, Ihrer Familie, Ihrer Freizeit ist? Ein Tagebuch zwingt Sie hinzusehen, wie Gott seine Herrschaft durch Ihren kleinen Beitrag in der Welt entfaltet.

EINSICHTEN FESTHALTEN. Wir alle lernen besser, wenn wir mitschreiben. Wer sich Notizen macht, versteht eher, wie Gott ihn gebraucht, und hat eine deutlichere Vorstellung davon, wie seine Herrschaft im eigenen Umfeld aussieht. Wenn Sie aufschreiben, was Sie lernen, können Sie später zurückblättern und nachlesen, welche Erkenntnisse sich in Ihrem Leben gezeigt haben.

WICHTIGE FRAGEN STELLEN. Sie werden überrascht sein, wie viele Fragen sich in Ihren Tagebucheinträgen wiederfinden werden, wie etwa: „Warst du das, Gott?“ Oder: „Ich habe total gern das Auto von Soundso repariert – aber war das wirklich ein Ausdruck von Gottes Handeln in der Welt?“ Oder: „Hast du wirklich durch mich gesprochen, Jesus, als ich dieses und jenes zu meiner Kollegin gesagt habe?“ Je länger wir Tagebuch führen, desto besser werden unsere Fragen. Und je besser unsere Fragen sind, desto besser werden die Antworten.

Fühlen Sie sich frei, alle Ihre Fragen, Zweifel und Unsicherheiten aufzuschreiben. Gefühle sind nicht alles, aber auch keinesfalls nichts. Versuchen Sie, Ihre Empfindungen wahrzunehmen. Oft sind sie ein Hinweis dafür, wie es in Ihrem Herzen aussieht. Das Tagebuch hilft, den Autopiloten abzuschalten und sich ehrlich zu fragen, wie Sie sich mit Ihrem missionalen Lebensstil an Ihrer Arbeitsstelle oder in Ihrer Nachbarschaft fühlen. Sie können Fragen über Gott, seine Herrschaft und Ihren Platz darin stellen.

EIN NEUES SELBSTVERSTÄNDNIS ENTWICKELN. Man trägt heute Fitnessarmbänder, die Schritte zählen, Schlafmuster aufzeichnen und die Kalorienzufuhr messen. Anschließend synchronisiert man sie mit dem Smartphone oder Computer, um zu sehen, welche Fortschritte man gemacht hat. So gesehen ist auch das eine Form von Tagebuch, weil damit Entwicklungen festgehalten werden. Ein solches Armband definiert uns in einem Punkt: nämlich als eine Person, der es wichtig ist, fit zu sein.

Ganz ähnlich ist es, wenn wir Tagebuch führen und festhalten, wie wir Gottes Wirken in der Welt widerspiegeln. Es prägt unser Selbstverständnis. Sie werden merken, dass Sie sich immer mehr als Missionarin oder Missionar betrachten, als Gesandter oder Gesandte. Sie werden sich Ihr Leben ansehen und sich fragen, wie sich Ihr Verhalten ändert und das Tagebuch wird auf kreative und hilfreiche Weise dazu beitragen.

Das ist der Kern dieser fünften Gewohnheit. Es geht darum, unser Selbstverständnis im Hinblick auf unsere fundamentale Berufung als Gesandte Gottes zu entwickeln. Wenn wir regelmäßig aufschreiben, wie wir andere (mal durch kleinere, mal durch größere Gesten) auf Gottes Herrschaft der Versöhnung, Gerechtigkeit, Schönheit und Heilung hinweisen, werden wir uns zunehmend als Gottes Gesandte betrachten. Und denken Sie daran: Sie können andere darauf hinweisen, indem Sie darüber reden (Wort) oder es leben (Tat).

→ *Segnen Sie in dieser Woche drei Personen, von denen mindestens eine nicht zu Ihrer Gemeinde gehört.*

→ *Treffen Sie sich mit drei Personen zum Essen, von denen mindestens eine nicht zu Ihrer Gemeinde gehört.*

→ *Nehmen Sie sich in dieser Woche mindestens einmal Zeit, um auf die Stimme des Heiligen Geistes zu hören.*

→ *Nehmen Sie sich in dieser Woche mindestens einmal Zeit, um von Jesus zu lernen.*

→ *Notieren Sie sich immer wieder, wie Sie andere auf Gottes ewige Herrschaft durch Jesus hingewiesen haben.*

8. JÜNGERSCHAFT, FÖRDERUNG UND RECHENSCHAFT

Wie mittlerweile deutlich geworden sein sollte, geht es mir bei den fünf Gewohnheiten nicht um ein einmaliges Projekt. Ich werbe dafür, sie regelmäßig einzuüben und sie in den alltäglichen Wochenrhythmus zu übernehmen. Ein zeitlich begrenztes Konzept wie *Vierzig Tage Leben mit Vision* ist klasse[I]. Aber missionale Erfolge wachsen exponentiell, je länger wir diese Gewohnheiten einüben und je tiefer wir sie verinnerlichen.

Wie lange dauert es, eine Gewohnheit einzuüben? In seinem Buch „Making Habits, Breaking Habits" erläutert Jeremy Dean, dass es viel länger dauert, als man meint. Zu Deans Forschungen gehörte eine Umfrage unter 100 Teilnehmern, die sich ein alltägliches Verhalten zur Gewohnheit machen wollten. Alle suchten sich irgendeine Angewohnheit, die sie noch nicht verinnerlicht hatten und die sie jeden Tag wiederholen konnten. Bei manchen ging es um die Gesundheit, wie etwa „nach dem Mittagessen ein Stück Obst essen" oder „nach dem Abendessen 15 Minuten Laufen gehen". 84 Tage lang loggten sich die Teilnehmer auf einer Internetseite ein und gaben an, ob sie ihr Vorhaben umgesetzt hatten und ob es sich bereits wie selbstverständlich anfühlte. Dean fand Folgendes heraus:

> *Die einfache Antwort ist die, dass es im Schnitt 66 Tage dauerte, bis die Teilnehmer, die genügend Daten lieferten, eine Angewohnheit eingeübt hatten. Wie man sich vorstellen kann, dauerte das Einüben der Angewohnheiten unterschiedlich lange, je nachdem, worum es sich handelte. Wer etwa nach dem Frühstück ein Glas Wasser trinken wollte, hatte schon nach etwa 20 Tagen das Gefühl, es ganz*

> *automatisch zu tun. Wer nach dem Mittagessen ein Stück Obst essen wollte, brauchte mindestens doppelte so lange, bis die Angewohnheit verinnerlicht war. Sport stellte sich als besonders langwierig heraus: Die „50 Sit-ups nach dem Morgenkaffee" waren für einen Teilnehmer auch nach 84 Tagen noch nicht zur Gewohnheit geworden. „Nach dem Frühstück 10 Minuten spazieren gehen" hatte ein anderer Teilnehmer dagegen nach 50 Tagen verinnerlicht.*[2]

Deans Forschungen zufolge kann man schon in ein paar Wochen eine einfache Angewohnheit einüben, etwa jeden Tag ein Glas Wasser zu trinken. Aber komplexere Gewohnheiten zu verändern oder neu einzuüben, kann Monate bewusster Anstrengung erfordern. Wozu ich Sie herausfordern möchte, ist wesentlich umfassender, als nur nach dem Mittagessen ein Stück Obst zu essen. Deshalb schlage ich ein einfaches System der Rechenschaft vor, damit Sie über längere Zeit bei diesen Gewohnheiten bleiben.

Mein Vorschlag ist, dass Sie sich ein Rechenschaftstrio aufbauen: eine Minigruppe aus drei Leuten, die sich wöchentlich trifft, um jeden an seine Gewohnheiten zu erinnern, sich gegenseitig zu ermutigen und zu fördern und einander zu helfen, aus den Erfahrungen mit den Gewohnheiten zu lernen. Ich nenne diese Minigruppen JFRs (Jüngerschaft, Fördern, Rechenschaft). Vielleicht kennen Sie Neil Coles Minigruppen mit ähnlichem Format.[3]

JFR-Gruppen treffen sich wöchentlich und gehen eine Reihe von Rechenschaftsfragen durch. Ich rate dazu, die Fragen an den fünf Gewohnheiten auszurichten. Am Ende dieses Kapitels füge ich einen Rechenschaftsbogen an, den jeder Teilnehmer als Vorbereitung für jedes Treffen ausfüllen kann. Dazu gehören Fragen wie: „Wen habe ich in dieser Woche gesegnet?" und „Was habe ich diese Woche vom Heiligen Geist gelernt?" Er umfasst auch offenere Fragen wie: „Welche Fragen, Themen oder Lektionen haben sich in dieser Woche aus dieser Gewohnheit ergeben?"

Meine Hoffnung ist, dass bei den JFR-Treffen nicht nur jeder erzählt, ob er sich an die Gewohnheiten gehalten hat, sondern auch anfängt, sich von diesen Gewohnheiten als Missionar prägen zu lassen. Ein JFR-Treffen sollte die folgenden Ziele erfüllen:

JÜNGERSCHAFT. Alle überlegen, welche Fragen, Themen oder Lektionen durch die fünf Gewohnheiten bei ihnen aufgeworfen wurden. Die JFR-Teilnehmer helfen sich gegenseitig, die Antworten zu reflektieren und mit mehr Wissen und größerer Zuversicht weiterzumachen. Wenn Sie beispielsweise mit jemandem zu Mittag gegessen haben und er Ihnen anvertraut hat, dass es in seiner Ehe kriselt, können die anderen Teilnehmer Ihnen helfen zu überlegen, was Sie dieser Person raten könnten. Wenn eine Nachbarin Sie mit einer Frage nach der Ehe für alle überrascht hat oder Ihnen erzählt hat, dass sie sich für den Buddhismus interessiert oder Sie nach einem biblischen Thema gefragt hat, mit dem Sie sich nicht auskennen, können Ihre JFR-Freunde Ihnen helfen zu überlegen, wie Sie noch besser hätten reagieren können. Sie können gemeinsam in der Bibel nachschlagen und gute Antworten zu diesen Themen finden.

Wenn Sie sich gegenseitig erzählen, was Sie in der vergangenen Woche über Jesus gelernt haben, bringen Sie sich gegenseitig etwas über die Bibel bei. Mit anderen Worten: Auf der Grundlage Ihrer missionalen Erfahrungen mit den fünf Gewohnheiten fördern Sie sich gegenseitig in der Jüngerschaft.

FÖRDERUNG. Wenn Sie eine außergewöhnlich stressige Woche hatten, Ihre Kinder krank sind, nicht schlafen oder Sie sich ausgelaugt und unfähig fühlen, noch irgendetwas zu geben, können Sie das in Ihrer JFR-Gruppe erzählen. Der JFR-Prozess soll sie nicht bestrafen, weil Sie Ihre fünf Gewohnheiten nicht geschafft haben auszuüben. Er soll Sie ermutigen und unterstützen, wenn alles zu viel wird.

RECHENSCHAFT. Allerdings: Wenn Sie Ihren fünf Gewohnheiten aus Faulheit oder Angst in dieser Woche nicht nachgekommen sind, ist Ihre JFR-Gruppe dafür da, echte Rechenschaft zu leisten. Sie soll Sie an die Verpflichtungen erinnern, die Sie miteinander eingegangen sind. Zu wissen, dass Ihre Freunde nachhaken werden, sollte zusätzlicher Antrieb sein, die Gewohnheiten beizubehalten.

Mehr noch: Wenn der Heilige Geist Ihnen klargemacht hat, dass Sie für einen Bereich Ihres Lebens Buße tun sollen, können Sie es auch in Ihrer JFR-Gruppe beichten. Dann können die anderen später nachfragen, wie es mit den Entscheidungen aussieht, die Ihnen der Heilige Geist nahegelegt hat. Wenn Sie aufgrund dessen, was Jesus lehrt, neue Prioritäten setzen, können Sie Ihrer JFR-Gruppe davon erzählen und darum bitten, Sie in Zukunft daran zu erinnern.

Damit die fünf Vorhaben (Segnen, Essen, Gott hören, Entdecken, Notieren) feste Gewohnheiten werden, müssen wir – wie wir bereits gesehen haben – eine ganze Weile an ihnen festhalten. Jüngerschaft, Förderung und Rechenschaft in einer JFR-Gruppe sind wichtig, um am Ball zu bleiben. Kurzer Hinweis: Ich werbe hier nicht für etwas Unerfreuliches. Menschen zu segnen macht glücklich. Mit anderen zu essen macht Freude. Auf den Heiligen Geist zu hören und etwas über Jesus zu lernen, ist eine geistliche Bereicherung. Aufzuschreiben, wie wir andere auf Gottes Herrschaft hinweisen, macht Mut.

→ ***Wer aus Ihrem Umfeld würde sich für eine JFR-Gruppe anbieten? Lesen Sie dieses Buch mit diesen Menschen zusammen und vereinbaren Sie, sich regelmäßig zur gegenseitigen Jüngerschaft, Förderung und Rechenschaft zu treffen.***

SEGEN: DER RECHENSCHAFTS-BOGEN FÜR JFR-GRUPPEN

▹ SEGEN: Wen habe ich in dieser Woche gesegnet?

Welche Fragen, Themen oder Einsichten haben sich diese Woche aus dieser Gewohnheit ergeben?

▹ ESSEN: Mit wem habe ich diese Woche gemeinsam gegessen?

Welche Fragen, Themen oder Einsichten haben sich diese Woche aus dieser Gewohnheit ergeben?

▷ GOTT HÖREN: Was habe ich diese Woche vom Heiligen Geist gehört?

▷ ENTDECKEN: Was habe ich diese Woche über Jesus gelernt oder woran wurde ich erinnert?

- ▷ NOTIEREN: Zwei oder drei Tagebucheinträge, wie ich andere auf Gottes Herrschaft hingewiesen habe:

Zum Ausdrucken auch auf www.movement-verlag.de

GESPRÄCHSFRAGEN, DIE ZUM HANDELN INSPIRIEREN

Die folgenden Fragen sollen helfen, ins Gespräch zu kommen und die fünf Gewohnheiten umzusetzen. Für Ihren Austausch mit Freunden und anderen Gläubigen können Sie einige auswählen oder alle verwenden.

ÜBERRASCHENDER GLAUBE (KAPITEL 1 UND 2)

1. Kontakte zu Mitmenschen und Beziehungen zu anderen Christen zu pflegen, Gottes Führung zu erleben, Jesus, sein Leben und seine Lehre zu verstehen und sich selbst als Missionar zu begreifen, sind für den Autor „wesentliche" Merkmale des christlichen Glaubens. Weshalb sind diese Merkmale Ihrer Ansicht nach wesentlich?
2. Welche dieser wesentlichen Punkte fallen Ihnen am leichtesten? Welche fallen Ihnen schwer?
3. Sind wir wirklich alle Evangelisten? Kennen Sie jemanden, der im Sinne des Autors ein begabter Evangelist ist?
4. Verspüren Sie den Druck, sich als Christ „wie ein Evangelist" verhalten zu müssen? Wie „erzählen" Sie typischerweise Freunden und Bekannten von Ihrem Glauben oder wie „demonstrieren" Sie ihn?
5. Klingt der zweifältige Weg der Evangelisation in Ihren Ohren nachvollziehbar? Warum oder warum nicht?
6. Haben Sie je die Beschreibung des „überraschenden" Verhaltens der frühen Kirche und von seinem Einfluss auf die römische Kultur gehört? Was überrascht Sie daran?

7. Wo sehen Sie, dass die Kirche heute durch ihr Verhalten die die Menschen um sie herum überrascht (oder es gerade versäumt)?
8. Der Autor erklärt, dass „christliche Nächstenliebe“ und „das pflichtbewusste Leben einer integren Mittelklasse-Familie“ nicht so hinterfragenswert sind, dass Menschen dadurch zum Glauben inspiriert würden. Warum ist das so? Wann ist ein Verhalten „fragwürdig“ oder „überraschend“?

BEZIEHUNGSORIENTIERTER GLAUBE (KAPITEL 3 UND 4)

1. „Der Glaube ist keine Tat, keine einzelne Entscheidung, nicht einmal nur ein Glaubenssystem, sondern Glaube ist eine Gewohnheit.“ Stimmt das? Welchen Unterschied macht es, ob Glaube eine Gewohnheit ist – oder eine Tat, eine Entscheidung oder ein Glaubenssystem?
2. „Natürlich gehört zur Verhaltensänderung auch der Nachteil der Gewöhnung.“ Welche Aspekte Ihres Glaubens sind Ihnen selbstverständlich geworden? Inwiefern könnte der Aspekt der Gewöhnung bei den Menschen eine Rolle spielen?
3. Wer hat „Ihrem Arm Kraft“ verliehen? Wie haben diese segnenden Menschen Ihren Glauben beeinflusst?
4. Welche Art, Menschen zu segnen – anerkennende Worte, freundliche Gesten, Geschenke – fällt ihnen besonders leicht? Welche üben Sie aus, seitdem Sie sich durch dieses Buch in der Gewohnheit des Segnens üben?
5. Wie können Sie die Menschen, die Sie segnen, besser kennenlernen?
6. Wie können Sie Ihr Vorhaben, andere zu segnen, aufrechterhalten, wenn Ihre Motive missverstanden werden oder man sich über Ihren Glauben lustig macht?
7. „Gemeinsames Essen kann man auch als ein zutiefst theologisches Format verstehen.“ Stimmen Sie dem zu? Wenn Sie sich

an Mahlzeiten mit anderen erinnern: Was zeigen und erzählen sie Ihrer Meinung nach über Gott?

8. „Am Tisch sind wir alle auf gleicher Augenhöhe." Inwiefern? Wie haben gemeinsame Mahlzeiten Ihre Beziehungen bereichert?
9. Wie haben die Gewohnheiten, andere zu segnen und mit anderen gemeinsam zu essen, in letzter Zeit Ihren Glauben geprägt? Inwiefern haben diese Gewohnheiten Ihre Freunde und Bekannten überrascht?

EMPFÄNGLICHER GLAUBE (KAPITEL 5 UND 6)

1. Überlegen Sie, welche Erfahrungen Sie mit Gebet und Kontemplation gemacht haben. Wann fiel es Ihnen schwer, Gottes Geist zu hören, der in Ihr Leben spricht? Wann waren Sie besonders offen für die Stimme des Heiligen Geistes? Wie kam das?
2. Empfinden Sie Einsamkeit, Stille und Gebet als bereichernd oder beängstigend? Beides? Keines davon? Was gefällt Ihnen daran?
3. Welche Hürden erschweren es Ihnen, sich Zeit zu nehmen, auf die Stimme des Heiligen Geistes zu hören? Was würde Ihnen helfen, damit sich solche Zeiten zur regelmäßigen Gewohnheit entwickeln können?
4. Wo auf der Skala zwischen Anpassung und Rückzug finden Sie sich wieder? Welche Hilfe würden Sie sich vom Heiligen Geist wünschen, damit Sie die richtige missionale Haltung finden?
5. Welchen Unterschied sehen Sie zwischen Bibellesen (oder Bibelstudium) und „Christus lernen"?
6. Wenn Sie an das denken, was Sie über Jesus gelernt haben, was daran finden Sie überraschend, hinterfragenswert und faszinierend?

7. Was bedeutet es für uns, unser Leben an der Inkarnation, der „Fleischwerdung“ von Jesus auszurichten? Wo bestimmt die Inkarnation Ihren Alltag?
8. Könnten Sie sich vorstellen, so begeistert von Jesus zu sein wie Surfer von Kelly Slater? Was steht Ihrer Begeisterung im Weg?
9. Wie hat die Gewohnheit, auf den Heiligen Geist zu hören und von Jesus zu lernen, Ihren Glauben in letzter Zeit geprägt? Inwiefern haben diese Gewohnheiten Ihre Freunde und Bekannten überrascht?

GETEILTER GLAUBE (KAPITEL 7 UND 8)

1. Was denken Sie über die Vorstellung, dass unser Leben ein „Trailer“ für die größere Geschichte von Gottes Herrschaft ist? Empfinden Sie das als beängstigend? Arrogant? Motivierend? Noch ganz anders? Warum?
2. Wie ist es Ihnen mit dem Tagebuchschreiben ergangen? Finden Sie es hilfreich? Anstrengend? Was am Tagebuchschreiben macht daraus eine „geistliche Übung“?
3. Welche der wichtigen missionalen Punkte – Versöhnung, Gerechtigkeit, Schönheit, Heilung – liegen Ihnen am nächsten? Welche lassen sich nur schwer in Ihrem Wochenrhythmus verankern? Warum?
4. Fällt es Ihnen schwer, sich selbst als Missionar zu begreifen? Warum oder warum nicht? Inwiefern hat sich Ihr Selbstverständnis verändert, seit Sie die fünf Gewohnheiten in Ihrem Leben umgesetzt haben?
5. Es dauert „viel länger ..., als man meint“, sich ein Verhalten anzugewöhnen – besonders solche Gewohnheiten, wie sie in diesem Buch beschrieben werden. Was hindert Sie Ihrer Erfahrung nach daran, neue Gewohnheiten einzuüben?

6. Welches Ziel des JFR-Dreiklangs – Jüngerschaft, Förderung, Rechenschaft – finden Sie am interessantesten? Welches klingt am schwierigsten? Warum?
7. Welche Personen waren maßgeblich an Ihrem geistlichen Wachstum beteiligt? Warum waren sie so wichtig für Ihren Glauben?
8. Hatte es Auswirkungen auf Ihren Glauben, dass Sie missionarische Erfahrungen notiert und sich mit anderen zu Jüngerschaft, Förderung und Rechenschaft getroffen haben? Welche? Inwiefern haben diese Gewohnheiten Ihre Freunde und Bekannten überrascht?
9. Nachdem Sie dieses Buch gelesen und sich die Gewohnheiten angeeignet haben: Wie sehen die nächsten Schritte aus, um die Welt mit der guten Nachricht von Gottes Herrschaft noch mehr zu überraschen? Für Sie selbst? Für Ihre Freunde? Und für Ihre Gemeinde?

BÜCHER UND FILME, UM VON JESUS ZU LERNEN

Zwei Listen mit Büchern und Medien, die helfen, Jesus besser zu verstehen. (Wenn deutsche Übersetzungen erhältlich sind, werden sie aufgeführt.)

GUTE BÜCHER ÜBER JESUS

- Philip Yancey: Der unbekannte Jesus. Witten, SCM R. Brockhaus 2004. Mittlerweile ein Klassiker. Yancey beschreibt einen Jesus, der klug, kreativ, herausfordernd, furchtlos, mitfühlend und unvorhersehbar ist und unsere Sehnsucht zutiefst stillt. Eine brillante Lektüre.
- N. T. Wright: Herausforderung Jesus – Wer er war und wer er ist. Böblingen, Causa Mundi 2012. Eine sehr anregende Betrachtung der schwierigen, historischen Arbeit, die nötig ist, um Jesus im Palästina des ersten Jahrhunderts zu verstehen. Zudem ein leidenschaftliches Plädoyer dafür, Jesus noch überzeugter in unsere Welt hinein zu folgen.
- J. John: The Life – A Portrait of Jesus. London, Authentic Media 2003. Eine hervorragende Beschreibung des lebendigen und leibhaftigen Menschen, der im Zentrum der guten Nachricht der Christen steht: Jesus von Nazareth. Auf leicht lesbare Weise beantwortet es einige der häufigsten Fragen, die wir uns alle über das Leben von Jesus stellen. Lesen Sie dieses Buch und geben Sie es anschließend an Ihre nichtgläubigen Freunde weiter.
- Dave Roberts: Following Jesus – A Non-Religious Guidebook for the Spiritually Hungry. Orlando, Relevant Books 2004. Dieses Buch wird Ihr Glaubensleben auf den Kopf stellen und Sie

Jesus aus einer völlig neuen Perspektive sehen lassen. Es beschreibt, wie eine echte, dynamische Beziehung zu Jesus aussieht. Ein herausragendes Buch – besonders, wenn Ihr Glaube sich nicht mehr taufrisch anfühlt.

- Rob Bell: Velvet Elvis – Ein neues Bild des Glaubens malen. Gießen, Brunnen 2007. Beschreibt, wie christliche Gemeinschaften Jesus widerspiegeln sollen. Der gut recherchierte jüdische Hintergrund von Jesus ist faszinierend. Schlicht, aber tiefgehend.
- John Dickson: A Spectator's Guide to Jesus. Oxford, Lion Hudson 2005. Der Klappentext trifft es gut: „Wenn Sie sich je gefragt haben, wie ein gekreuzigter Handwerker aus Palästina die Gefolgschaft von zwei Milliarden konfessionellen Christen gewinnen konnte, liefert Ihnen dieses Buch einige Antworten." Hilfreiche historische Erkenntnisse, die ein wenig von dem Müll korrigieren, der da draußen so herumschwirrt!
- Don Everts: God in the Flesh. Downers Grove, IVP Books 2005. Beleuchtet Jesus anhand der Reaktionen derer, die ihm begegnet sind. Der wahre Jesus springt einem aus den Seiten entgegen und wird als fesselnde und sehr, sehr coole Persönlichkeit lebendig. Beinhaltet kurze Lektionen. Gut geeignet als persönliches Andachtsbuch oder auch für Kleingruppengespräche.
- Conrad Gempf: Mealtime Habits of the Messiah. Grand Rapids, Zondervan 2005. Ein lustiges, skurriles und informatives Buch, das 40 Begegnungen mit Jesus untersucht. Mit Fragen zur Reflexion. Jesus = lebendig, interessant, einnehmend, warmherzig und gelegentlich gefährlich. Dieses Buch sorgt für den Extrakick des Tages.
- Mike Erre: The Jesus of Suburbia – Have We Tamed the Son of God to Fit Our Lifestyle? Nashville, W Publishing 2006. Haben wir uns mit einem verwässerten, sicheren, bequemen Christsein arrangiert? Mike Erre malt ein spannendes, inspirierendes

und kraftvolles Bild vom wahren Jesus. Er fordert uns heraus, die Botschaft von Jesus Christus als Gottes revolutionäre, lebensverändernde, kulturprägende Bewegung zu verstehen. Brillant! Gut, um sich zu einem radikalen Leben in einer opferbereiten Jesusnachfolge anfeuern zu lassen.

- Tom Taylor: Paradoxy – Coming to Grips with the Contradictions of Jesus. Grand Rapids, Baker 2006. Dieses Buch erläutert einige der zentralen, rätselhaften Lehren von Jesus, die alles auf den Kopf stellen (zum Beispiel: sterben, um zu leben; dienen, um zu herrschen; im Glauben statt im Schauen leben). Mehr als jedes andere Buch hat es mir geholfen zu verstehen, welchen Lebensstil Jesus sich von seinen Nachfolgern wünscht. Es erklärt wirklich, warum ein Leben auf die Jesusart besser ist als jedes andere.
- Kenneth E. Bailey: Jesus war kein Europäer – Die Kultur des Nahen Ostens und die Lebenswelt der Evangelien. Witten, SCM R. Brockhaus 2018. Auf über 600 Seiten wird Jesus in dieser schwergewichtigen Erörterung in seinen gesellschafts- und religionspolitischen Kontext gestellt. Eine herausfordernde, aber wichtige Lektüre für alle, die Jesus verstehen wollen.

GUTE FILME ÜBER JESUS

- Das 1. Evangelium – Matthäus (1964). In diesem Spielfilm des umstrittenen italienischen Filmemachers Pier Paolo Pasolini stammt jede Dialogzeile direkt aus dem Matthäusevangelium. Jesus trägt einen schwarzen Umhang mit Kapuze und wirkt gefährlich und radikal. Der Film ist nüchtern und düster und hebt den revolutionären Charakter der Botschaft von Jesus hervor. Nach dem Film versteht man, warum die Verantwortlichen diesen Kerl kreuzigen wollten.
- Godspell – Folgt dem Herrn! (1973). Ja, dieses Musical spielt in New York City (eine Szene sogar auf den Dächern des da-

mals brandneuen World Trade Centers), aber es nimmt auch gutgelaunt die Lehren von Jesus unter die Lupe – besonders die Gleichnisse und die Bergpredigt – und fragt, wie sie zur damaligen Stimmung der Gegenkultur passten. Seinerzeit umstritten kann dieses Stück uns heute helfen, die Freude von Jesus und seine Vision für die Welt zu erkennen.

- Jesus von Nazareth (1977). Kein Film im eigentlichen Sinne, sondern eine sechsstündige Miniserie von Regisseur Franco Zeffirelli, der die Nebenrollen so ausarbeitet, dass deutlich wird, welchen tiefgehenden Einfluss Jesus auf seine Zeitgenossen hatte.
- Jesus von Montreal (1989). Ein kanadischer Film über eine Schauspieltruppe, die ein unkonventionelles, aber gefeiertes Passionsspiel auf die Bühne bringt, das die Gegenwehr der katholischen Kirche auf den Plan ruft. Nach und nach beginnt Jesusdarsteller Daniel, das Leben des wahren Jesus widerzuspiegeln. Eine clevere Neuerzählung, die den Widerstand von Jesus gegenüber organisierter Religion veranschaulicht.
- Die Passion Christi (2004). Mel Gibsons zutiefst persönlicher Film über Jesu Tod ist nicht nur von den Evangelien, sondern auch vom Kreuzweg inspiriert (einer Andachtsübung, die in die meisten katholischen Kirchengebäude integriert ist) und von den Visionen der deutschen Nonne Anna Katharina Emmerick, die Wundmale am Körper trug. Seine eindrückliche, grausige Darstellung der Leiden Christi bleibt unvergessen. Mehr als jeder andere Regisseur der jüngsten Zeit fängt Gibson den umfassenden übernatürlichen Konflikt ein, der dem Tod Christi seine Bedeutung verleiht.
- Die Chroniken von Narnia – Der König von Narnia (2005). Wie Jesus von Montreal ist auch dies kein Film über Jesus selbst, zeigt aber eine der schönsten jesusähnlichen Figuren der zeitgenössischen Kultur: den wilden, aber guten Löwen Aslan, König von Narnia.

- ▷ Es begab sich aber zu der Zeit (2006). Dieser Film enthält zwar einige Ungenauigkeiten (die Weisen erscheinen beispielsweise zur Zeit der Geburt in Bethlehem) und verbiegt die biblischen Berichte hier und da, aber dennoch zeigt er überzeugend einen schlichten, strahlenden Glauben, die Liebe zur Familie und die merkwürdigen Wege, die Gott mitunter wählt.

ÜBER DEN AUTOR

Michael Frost ist ein international bekannter Missiologe und eine der führenden Stimmen im Bereich missionaler Gemeinde. Seine Bücher gehören zur Pflichtlektüre in etlichen Colleges und Seminaren weltweit und er ist ein gefragter Konferenzsprecher. Michael Frost ist stellvertretender Direktor des Morling College in Sydney, Gründungsrektor des Tinsley-Instituts, Gründungspastor von „Small Boat Big Sea" und Mitbegründer des „Forge International Mission Training Networks". Er hat etliche Bücher geschrieben, davon sind auf deutsch bisher erschienen: *Die Zukunft gestalten – Innovation und Evangelisation in der Kirche des 21. Jahrhunderts* und *Der wilde Messias.*

ENDNOTEN

EINFÜHRUNG

1 Anmerkung des Herausgebers: Das Wort „missional" wird in diesem Buch verwendet, um ein von Mission geprägtes Leben zu bezeichnen. Im Deutschen ist zwar das Wort „missionarisch" geläufiger, das Wort „missional" betont aber stärker die absolute Vorrangstellung von Mission als Grundausrichtung des Lebens.

2 Felicity Dale: Armee der Liebe – Wie Jesus heute mit einfachen Leuten seine Gemeinde baut, Bruchsal, GloryWorld 2009.

KAPITEL 1

1 John Dickson: The Best Kept Secret of Christian Mission, Grand Rapids, Zondervan 2010, S. 93.

2 Dickson: Best Kept Secret, S. 94.

KAPITEL 2

1 David Bosch: Believing in the Future, Harrisburg, Trinity Press 1995, S. 33.

2 John P. Kotter / Dan S. Cohen: The Heart of Change, Boston, Harvard Business School Press 2002.

3 Lee Beach: The Church in Exile, Downers Grove, IVP Academic 2015, S. 203.

KAPITEL 3

1 Ergänzung zur deutschen Ausgabe.

2 Gary Chapman: The Five Love Languages, Chicago, Northfield Publishing 2010, S. 46. Deutsche Ausgabe: Die fünf Sprachen der Liebe, Marburg, Francke 1994.

3 Dave Ferguson: Discover Your Mission Now, Exponential eBook Series, https://www.exponential.org/ebooks/discovermission/

4 Jomo Kenyatta, zitiert in: John Frederick Walker: A Certain Curve of Horn – The Hundred-Year Quest for the Giant Sable Antelope of Angola, New York, Grove Press 2004, S. 144; andere schreiben dieses Zitat Erzbischof Desmond Tutu zu.

KAPITEL 4

1 Epistula 96, Plinius an den Kaiser Trajan, http://www.die-lateinseite.de/index.htm (Zugriff 15.06.2018).

2 Janice Price (in Zusammenarbeit mit dem World Mission and Anglican Communion Panel): World-Shaped Mission – Reimagining Mission Today, London, Church House Publishing 2012, S. 24.

3 Simon Carey Holt: Eating Heaven – Spirituality at the Table, Moreland, Acorn Press 2013, S. 150.

4 Alan Hirsch / Lance Ford: Right Here, Right Now, Grand Rapids, Baker Books 2011, S. 203.

5 Ben F. Meyer: The Aims of Jesus, London, SCM Press 1979, S. 161.

KAPITEL 5

1 Bruce Demarest: Satisfy Your Soul, Colorado Springs, NavPress 1999, S. 133.

2 Dietrich Bonhoeffer: Gemeinsames Leben, Gütersloh, Gütersloher Verlagshaus 2006 (31. Auflage), S. 65.

3 Jonathan Montaldo (Hg.): A Year with Thomas Merton – Daily Meditations from His Journals, New York, HarperCollins 2004, S. 8.

4 Joshua T. Searle / Roy Searle: "Monastic Practices and the Missio Dei", Journal of Missional Practice 3 (Herbst 2013), http://journalofmissionalpractice.com/index.php/issue-3/monastic-practices-and-the-missio-dei#_ednref17 (Zugriff am 13.04.2018).

5 Thérèse von Lisieux, zitiert in: Heather King: "St. Thérèse of Lisieux's Christmas Eve Conversion", 18. Dezember 2014, https://angelusnews.com/content/st-therese-of-lisieux-s-christmas-eve-conversion. (Zugriff am 13.04.2018).

6 Thomas Merton: Contemplative Prayer, New York, Image Classics 1971, S. 19.

7 Phil Fox Rose: "Meditation for Christians", On the Way, http://www.patheos.com/blogs/philfoxrose/meditation-for-christians (Zugriff am 16.04.2018).

KAPITEL 6

1 C. S. Lewis: Mere Christianity, New York, Simon & Schuster Touchstone 1996, S. 171.

2 John Stackhouse: Need to Know – Vocation as the Heart of Christian Epistemology, Oxford, Oxford University Press 2014, S. 63.

3 Ross Langmead: Word Made Flesh – Towards an Incarnational Missiology, Lanham, University Press of America 2004, S. 219.

4 Stackhouse, Need to Know, S. 62f.

5 Stackhouse, Need to Know, S. 63.

6 Michael Frost: Jesus the Fool, Grand Rapids, Baker 2010.

7 Michael Frost / Alan Hirsch: ReJesus – A Wild Messiah for a Missional Church, Grand Rapids, Baker 2009. Deutsche Ausgabe: Der wilde Messias – Mission und Kirche von Jesus neu gestaltet, Cuxhaven, Neufeld 2009.

8 N. T. Wright: The Challenge of Jesus – Rediscovering Who Jesus Was and Is, Downers Grove, InterVarsity Press 1999; Darrell Bock: Jesus According to Scripture – Restoring the Portrait from the Gospels, Grand Rapids, Baker 2002; Craig Blomberg: Jesus and the Gospels, Nashville, B&H Academic 1997; Tim Keller: King's Cross – The Story of the World in the Life of Jesus, New York, Dutton 2011. Deutsche Ausgabe: Jesus – seine Geschichte, unsere Geschichte, Gießen/Basel, Brunnen 2012.

KAPITEL 7

1 Michael Frost: The Road to Missional, Grand Rapids, Baker 2011, S. 29.

2 Frost, Road to Missional, S. 104–112.

3 C. S. Lewis: Readings for Meditation and Reflection, New York City, HarperOne 1996, S. 93.

4 Anne Broyles: Journaling – A Spiritual Journey, Nashville, Upper Room 1999, S. 10.

KAPITEL 8

1 Eine Gemeindekampagne von Rick Warren: Forty Days of Purpose, Lake Forest, Saddleback Church 2002. Deutsche Buchausgabe: 40 Tage Leben mit Vision – Wozu um alles in der Welt lebe ich?, Asslar, Gerth 2014.

2 Jeremy Dean: Making Habits, Breaking Habits – Why We Do Things, Why We Don't, and How to Make Any Change Stick, Boston, De Capo Press 2013, S. 6.

3 Weitere Informationen zu Minigruppen siehe unter http://www.cmaresources.org/article/ltg. Deutsche Buchausgabe: Neil Cole: Lebensverändernde Minigruppen – klein und stark, Hamburg, Movement 2015.

WIR EMPFEHLEN

VON JESUS REDEN - DIE KUNST DES NICHTEVANGELISIERENS

Die heute gängigen Evangelisationsmethoden sind vermutlich ein Grund dafür, dass man heute scherzhaft sagt, dass Christen wie Nichtchristen Evangelisation gleichermaßen hassen. Bis auf ein paar motivierte Evangelisten, erzählen die wenigsten Christen regelmäßig von ihrem Glauben. Zu oft stößt man auf wenig Interesse oder endet in fruchtlosen Diskussionen über die Fehler des Christentums.

Carl Medearis zeigt einen erfrischenden neuen Weg auf: Mit viel Humor, persönlichen Geschichten und scharfsinnigen Beobachtungen zeigt er, dass es im Gespräch mit anderen nicht darum geht, theologische Richtigkeiten zu erklären oder zu verteidigen, sondern vielmehr darum, einfach von Jesus zu erzählen.

★★★★★ Über 500 5-Sterne-Bewertungen des englischen Originals auf amazon.com

Zu beziehen für 12,00 Euro direkt beim Verlag: www.movement-verlag.de

LEBENSVERÄNDERNDE MINIGRUPPEN

Minigruppen bringen gelebte Jüngerschaft mitten ins Leben: Zwei oder drei Personen desselben Geschlechts treffen sich regelmäßig und tauschen sich darüber aus, was sie von Jesus gelernt haben, was sie mit ihm erlebt haben und beten zusammen. Füreinander, aber auch für die, die Jesus noch nicht kennen.

Neil Cole beantwortet mit diesem Buch zum einen wichtige Fragen des Lebens mit Gott: Was hilft mir, nah an Gott dran zu bleiben? Wie kann ich andere lieben und ermutigen? Wie behalte ich auch die im Blick, die Jesus noch nicht kennen? Was kann ich tun, damit diese Jesus kennenlernen?

Er beantwortet damit aber auch eine entscheidende Frage in Bewegungen: Wie bleiben einzelne Jünger so verwurzelt in Jesus, dass sie ihm ähnlicher werden und das Gelernte und Erlebte an andere weitersagen?

Zu beziehen für 9,90 Euro direkt beim Verlag: www.movement-verlag.de

ANSTECKENDE JÜNGERSCHAFT

Wie können wir Millionen von Menschen, die nie einen Fuß in eine bestehende Kirche setzen würden, helfen, eine Beziehung mit Jesus einzugehen? Sogenannte Jüngerschaftsbewegungen sind aktuell weltweit der einzige Weg, wie sich das Evangelium rasant ausbreitet.

Die Autoren haben in ihrer eigenen Arbeit gelernt, dass es dabei nicht um Programme und Veranstaltungen geht. Wer seinen Glauben weitergeben will, lebt am besten bewusst einen erkennbar geistlichen Lebensstil und lässt Menschen, die dafür offen sind, entdecken, was die Bibel sagt. Dafür geben die Autoren gutes Material und ganz praktische Abläufe an die Hand.

Bei alldem geht es um das Tun, nicht um das Wissen. Es geht um eine dynamische und wachsende Beziehung zu Jesus, nicht um Religion. Es geht darum, als Jünger, andere zu Jüngern zu machen, die wiederum andere zu Jüngern machen. Wenn das passiert, entsteht eine Bewegung.

Zu beziehen für 15,00 Euro direkt beim Verlag: www.movement-verlag.de

MEHR ALS ORTSGEMEINDE

Überall dort, wo Bewegungen des Evangeliums entstanden sind, gab es visionäre Leute und apostolische Strukturen. Sam Metcalf zeigt in diesem Buch, wie Gott schon immer durch Gründerpersönlichkeiten und Organisationen gearbeitet hat, die auf neue Art und Weise gearbeitet haben. Gründertypen finden oft nur schwer in klassischen Ortsgemeinden ihren Platz und merken meist, dass sie in Missionsgesellschaften viel eher richtig sind: Ihre Begabungen werden gebraucht, gefördert und wertgeschätzt.

Sam Metcalf zeigt biblisch und geschichtlich, dass Missionsorganisationen eine ebenso gültige wie zulässige Form von Gemeinde sind und betont dabei, wie wichtig apostolisch begabte Persönlichkeiten hier und heute für Bewegungen sind.

Ein Buch darüber, wie apostolische Bewegungen die Welt verändern können.

Zu beziehen für 14,00 Euro direkt beim Verlag: www.movement-verlag.de

BEWEGUNGEN, DIE DIE WELT VERÄNDERN

In diesem Buch zeigt Steve Addison fünf charakteristische Merkmale dynamischer Bewegungen auf. Dabei untersucht er sowohl Bewegungen aus der Kirchengeschichte, wie sie etwa vom irischen Missionar Patrick, von John Wesley oder von Nikolaus von Zinzendorf ausgingen, als auch aktuelle missionarische Bewegungen.

Steve Addisons Leidenschaft sind missionarische Bewegungen: Seit langem untersucht er sie, er lebt in ihnen, er setzt sein Leben dafür ein, dass missionarische Bewegungen auf der ganzen Welt entstehen. Denn in seinem Kern ist das gesamte Christentum eine missionarische Bewegung. Manche Bewegungen sind gekommen und wieder gegangen. Die große christliche Bewegung aber hat die Welt verändert – seit den frühen Jahren der Urkirche bis in unser Jahrtausend hinein.

Zu beziehen für 12,90 Euro direkt beim Verlag: www.movement-verlag.de